KINZAI バリュー叢書

現論・信用金庫経営

3信金理事長の白熱鼎談！

遠賀信用金庫 前理事長（現会長） 中村 英隆

帯広信用金庫 理事長 増田 正二

のと共栄信用金庫 理事長 大林 重治

一般社団法人金融財政事情研究会

発刊に寄せて　～つなぐ力へ～

このたび、『現論・信用金庫経営』が金融財政事情研究会から発刊されることを大変うれしく思います。「3信金理事長の白熱鼎談！」と副題にあるように、遠賀信用金庫の中村英隆会長、帯広信用金庫の増田正二理事長、のと共栄信用金庫の大林重治理事長という三人の論客が、それぞれの信用金庫経営について心を込めて語られたものです。

遠賀信用金庫は、福岡県の福岡市と北九州市を結ぶ地域を地盤とする「地方大都市周辺型」金庫、帯広信用金庫は北海道十勝を地盤とする「第一次産業型」金庫、のと共栄信用金庫は石川県七尾市を拠点とする「地方小都市型」金庫といえるでしょう。そうした異なる地盤をもつ信用金庫のトップが集まり、信用金庫としての取組みや今後の方向性といったそれぞれの信用金庫論を熱く語り合ったものです。本のタイトルとなった「現論」という言葉はあまり聞き慣れない言葉ですが、「現場論」というものかと思います。現場に立ち、考え、行動することに勝るものはないでしょう。本書には、そうした現場感覚から生まれたユニークな取組みもたくさん紹介されています。

しかし、これだけ異なる経営基盤でありながら三者の思いには共通しているものがあります。それは、中村会長の「地域共生にかける」思いであり、増田理事長の「地域を深掘りし、小さくてもしっかりと根を張り、地域にとってなくてはならない信用金庫」への思いであり、大林理事長の「その地域を豊かにし、そこに住んでよかったと思われるような、そういうお手伝いに徹する」思いです。

これは協同組織金融機関である信用金庫の原点であり、そうした姿勢をぶれることなく堅持しておられる皆さんに心から敬意を表する次第です。

ところで、私が理事長をしている城北信用金庫が、昨年の秋に「和倉温泉・加賀屋に泊まる北陸の旅」を企画いたしました。多くのお取引先の方々に参加いただきましたが、そのバスが加賀屋に到着した際に、大林理事長をはじめ、のと共栄信用金庫の役職員の方々が歓迎の横断幕をもって出迎えてくださったのです。また、昼食場所となった富山と金沢では、それぞれ富山信用金庫と金沢信用金庫の役職員の方々に同じように温かく迎えていただきました。それを見たお取引先の皆さんが、「信用金庫には全国にこんなネットワークがあるのですね」と感動されるとともに、大変心強く思っていただいた次第です。全国の信用金庫が連携することにより、大きな力となる一つの事例だと思います。

さて、日本経済は、安倍政権の「アベノミクス」と呼ばれる大胆な金融政策と機動的な財政政策によって景気の回復傾向が次第に明らかになってきています。しかし、私たち信用金庫のよって立つ基盤である中小企業・地域社会におきましては、いまだその実感を得るには至っておりません。

そうしたなかで信用金庫業界が取り組むべき課題としては、中小企業の資金面への協力はもとよりですが、引き続き経営改善に向けたコンサルティング機能の発揮に努めるとともに、新たな成長分野への進出、そして、起業・創業等への支援を一段と強化していかなければなりません。また、従来からの課題解決型金融への取組みをさらに強化し、『つなぐ力』の発揮によって、信用金庫と会員、地域の皆様との連携を一段と深めること、そして、お客様満足度が向上する金融サービスを提供し、地域に新たな資金需要を生み出すことを目指していかなければなりません。

そうしたなかで、本書が発刊されることは、信用金庫業界の方々にとっては今後の課題解決に向けた大きなヒントを得られるものと思います。また、業界関係以外の方々にとっても、信用金庫が地域の中小企業の発展と、地域住民の豊かな生活の実現と、地域社会の繁栄のために、全力を尽くしている姿をご理解いただけるものと思います。

本書の発刊が誠に時宜を得たものであることを喜び、多くの方々に読まれることを願っております。

平成二五年九月

全国信用金庫協会　会長　**大前　孝治**

目次

地域経済振興部／企業支援担当／ふれあい相談室の三本柱で「十勝の公共財」として機能する

帯広信用金庫 理事長 **増田 正二**

「野面積み」の知恵、小口事業性取引に徹し、地域のストーリーづくり

のと共栄信用金庫　理事長　大林　重治

プロローグ

本書をお読みいただく前提として、まず信用金庫とはどういう金融機関なのかについて念のために確認しておきたい。多くの読者は、信用金庫とは中小企業専門の、あるいは庶民的な、営業地域が限定的な小型の金融機関というイメージをおもちだろうと思われる。外形的にはそのとおりなのだが、実は歴史的な成立ち、設立の趣旨、資本、業務範囲などの「業態」が一般の商業銀行とは峻別されている。その根拠法規も、銀行は「銀行法」であり、信用金庫は「信用金庫法」である。

信用金庫は、明治時代末に設立された「市街地信用組合」を成立の原点としており、中小企業事業者（商工業者）の相互扶助を目的とした「協同組織金融機関」なのである。したがって、資本は「会員」の出資によって成り立ち、本源は「会員のための相互扶助組織」である。しかしながら、一九八〇年来の金融の自由化─行政の自由化─規制の緩和、という時代の変化に対応して信用金庫の金融機能は、「営業地域」

や「大企業取引」などの規制を除けば、一般の商業銀行とほぼ同じ姿になっている。また、近年の金融グローバル化のもとでＢＩＳ（バーゼル・国際決済銀行）による自己資本比率規制などの、金融システムの健全性確保を目的とした諸規制が信用金庫にも適用され、リスク性の高い資産（貸出）についての運用姿勢の慎重化や自己資本の強化＝利益の重視、というビヘイビアを強めざるをえない傾向にある。いわゆる、〝信用金庫の普通銀行化〟と〝会員の相互扶助組織〟という理念との相剋である。

本書では、そうした時代にあってなお「協同組織金融機関」としての矜持を守り、長引くデフレ経済のもとで疲弊する地方・地域経済の活性化に情熱をもって金庫経営の原点を体現している多くの信用金庫経営者のなかから、象徴的な三つの「経営の型」を推進している理事長三氏による理念と実践を紹介する。遠賀信用金庫（福岡県遠賀郡）の中村英隆理事長（注、本書企画時。現会長）、帯広信用金庫（北海道帯広市）の増田正二理事長、のと共栄信用金庫（石川県七尾市）の大林重治理事長である。

「協同組織金融機関」としての同じ理念に立つ信用金庫とはいえ、当然のことながらその「経営の型」は置かれた地政学的＝立地条件によって異なるだろう。一般的に信用金庫の営業地域を類型化してみると、（A）大都市型、（B）大都市周辺型、（C）地方大都市型、（D）地方大都市周辺型、（E）地方小都市型、（F）第一次産業地域型、の六つの立地条件に大別されるだろう。

（「D」型の）**遠賀信金の中村理事長**は、旧大蔵省で長く金融行政の第一線にあった豊富な経験をふまえ、「スモール・イズ・ナイス」の理念を掲げ、「利回りより身の回り」などユニークな経営を実践する。

（「F」型の）**帯広信金の増田理事長**は、「基幹産業」としての農業を経営基盤としつつ、いち早く「地域経済振興部」を立ち上げて中小企業を支援し、農商工連携による新たな産業の創出と地域産品の販路拡大に知恵を絞る。

（「E」「F」型の）**のと共栄信金の大林理事長**は、地元七尾城址の石垣〝野面積〟を信金経営の理念に据え、小規模事業先を開拓し、地域に埋もれている「お宝」を掘り起こし、日常的な周辺にある「創業」を支援する、などたえず地域にきめ細やかな目配りをし続ける。

全国二七〇の信用金庫の多くの経営者たちは、本書に登場する三理事長にも劣らない情熱をもって地域のため、会員のために日夜奮闘を続けておられることだろう。本書がそうした信用金庫経営者のみならず、すべての信金マン、そして信金の取引先、さらには地域経済における主導的役割の発揮が求められているすべての金融人の情熱に火を灯すことになれば望外の喜びである。

金融財政事情研究会　主幹　**倉田　勲**

合言葉は「スモール・イズ・ナイス」「利回りより身の回り」

――さらに新しい切り口で「身の丈金融」を展開する

遠賀信用金庫
前理事長（現会長）　中村　英隆

遠賀信用金庫の経営指標

項　　目	2012年度	11年度	増減（%）
預　　　金（億円）	1,797	1,775	1.24
貸　出　金（億円）	1,125	1,102	2.09
預　貸　率（%）	62.60	62.08	0.52
当期純利益（百万円）	486	425	14.35
コア業務純益（百万円）	1,174	1,263	△7.05
預貸金利ざや（%）	1.05	1.11	△0.06
総資金利ざや（%）	0.56	0.63	△0.07
ROA（コア業純）（%）	0.59	0.66	△0.07
不良債権比率（%）	5.18	5.36	△0.18
自己資金比率（%）	14.62	14.51	0.11

（注）本店所在地：福岡県遠賀郡。営業区域：福岡県全県、主に福岡市と北九州市を結ぶベルト地帯。店舗数：15。役職員数：約250人。

中村　英隆（なかむら　ひでたか）

1943年生（北九州市出身）。67年九州大学卒、大蔵省（現財務省）入省。交流協会台北事務所、福岡財務支局、関東財務局、造幣局総務部長等を経て95～97年北海道財務局長。拓銀破綻で激震する道内金融システムの安定化にあたる。2001年10月遠賀信用金庫理事長。12年10月会長。12年6月九州北部信用金庫協会会長に就任。中・小規模信金グループのリーダー的存在。

ROA、利ざやなどは全国平均の二倍

――遠賀信用金庫は、中村理事長時代から非常に明快な信金経営論やユニークなキャッチフレーズとともに打ち出す営業戦略なり商品企画で地域での話題性が高く、広く信金界でも注目されている存在です。その情報発信力の強さから、全国でも有数の規模をもつ信金だろうと想像される向きもあるかと思われますが、実像は意外に？　小ぶりなのですね（笑）。それだけに、協同組織金融機関であり相互扶助組織である信用金庫としての原型を体現していると思います。そういう観点から、中村会長の信金経営にかける熱い思いと実践を伺いたい。

まず、お話の前提として遠賀信用金庫の現況からお願いします。

中村　当金庫は創立六四年の、業界では比較的若い信用金庫です。福岡県に所在する二つの政令指定都市、福岡市と北九州市とを結ぶおよそ五〇キロメートルのベルト地帯を主たる営業地盤としています。その地域に現在一五の店舗を展開しています。役職員数はパートを含めて約二五〇人の小世帯で、預金量は二〇〇〇億円にも満たない小規模金庫ですが、これまで赤字決算に陥ったことはなく、合併・再編を経験したこともありません。

二〇一二年度決算のあらましを申し上げますと、預金が一七九七億円（前期比一・二％増）貸出金が一一二五億円（同二・一％増）です（末残ベース）。貸出の伸びが預金の伸びより大きかったので預貸率は前年度より〇・五％上がり六二・六％でしたが、六五％程度には収めたいと思っていました。でも、資金需要に盛り上がりを欠くなかではやむをえない結果かもしれません。

ちなみに当金庫の預貸率は従前から全国平均より高く、一二年度決算でも全国平均を一二％ポイント上回っています。当期純利益は四億八六〇〇万円で、前期に比べ一四％の増加です。ただし、コア業務純益は一一億七四〇〇万円と、七％の減少を見ました。本来業務の利息収入の減少が主因ですが、当金庫の経営規模からすればまずまずの善戦だと思います。

経営諸比率について少し触れますと、ＲＯＡ（コア業純ベース）は〇・五九％、預

遠賀郡岡垣町にある本部。清潔感が漂い親しみを感じさせる

貸金利ざやは一・〇五％、総資金利ざやは〇・五六％、有価証券利回りは二・二八％で、それぞれ全国平均の二倍前後の水準です。

不良債権比率は一〇年前には一六％で、相当に厳しい状況でしたが、年々改善し、一二年度決算では五・一八％に低下しました。その過程で有税の引当を厚くしてきたため、このところ、税の戻りが本業の苦戦をカバーするという〝親孝行〟をしてくれています。また、自己資本比率は一四・六％、自己資本額は約一五七億円です。そのうち出資金は一億九〇〇〇万円にすぎず、残りはすべて過去の利益の累積（特別積立金）です。配当負担が大きくないため、このところ七年間八％配当を維持しています。いずれにしても、図体に比べて無コストの内部留保が厚いことが、さまざまな形で当金庫の経営に貢献してくれています。これまで営々と内部留保を積み上げてきた諸先輩に感謝、というところです。今後とも、ほっぺたにクルミをいっぱいに頬張って、小さな体で元気に走り回るリスのようでありたいと思っています。体力が向上し信用コストの圧力も軽減されたので、いま、積極的にリスクをとる方向へ舵を切りつつあります。

当金庫の決算等の概況は以上のとおりです。二七〇ある全国の信金のなかでは、預金規模は一八〇番目程度で後ろから数えたほうが早いのですが、経営諸比率はかなり高順位にあります。たとえば、現時点で全国比較が可能な一一年度決算の総資金利ざやは全国五位、ＲＯＡは六位、有価証券利回りは三位です。

当金庫の現況に関し、問題点を二つあげておきたいと思います。

一点は資金需要が伸び悩むなかでの他金融機関との競合の激化、特に上位金融機関からの攻勢への対応です。二点目は「中小企業金融円滑化法」の適用期限到来後のお客様への対応です。これらについては後ほど触れたいと思います。

いずれにしても、昨年末誕生した安倍新政権によるさまざまな政策の効果は、地方の中小零細企業にはいまだ本格的に及んでいないように思えます。そうした状況のもとで、お客様をお支えしている私ども信用金庫の経営はますます厳しさを増しており、今後の展望を開きにくい状況にあります。

――遠賀信用金庫は「地方大都市周辺型」の営業基盤にある信金だと思いますが、そうした地域性をふまえたうえでの普遍的な信金の経営理念の実践について、最近の特徴的な施策や商品などを実例に出しながらご紹介願えますでしょうか。

中村　類型的にはご指摘の「地方大都市周辺型」の信用金庫だと思います。そもそも福岡県は、九州のなかでは相対的に経済の集積度が高い地域です。総人口は五一〇万人、三大都市圏以外で一平方キロメートル当りの人口が一〇〇〇人を超えているのは福岡県だけです。そのため、従来から各業態の金融機関が多数出店しています。

加えて近年、北九州市に他地域にある地銀を母体とする新銀行が設立されました。これを契機に、迎え撃つ地元地銀等との激しい競争が続き、全国でも有数の激戦地となっていることはよく知られています。この戦場を生活の場としている私どもも直接的、間接的に巻き込まれていまして気を抜けない日々が続いています。

この天地に暮らす人々との共生を

――その激戦の渦中にあって、信用金庫らしさを打ち出しておられる。

中村　このところ、業界内のみならず多方面から私ども信用金庫のあり方についてさまざまな議論がなされています。

周知のとおり、信用金庫が現在の姿を整えたのは戦後の経済復興期です。「ヒト、モノ、カネ」などの経営資源が基幹産業を中心に傾斜配分されたその時代、わが国経済の裾野にあって苦闘する中小企業や個人の資金需要に応ずるための金融機関が「協同組織金融機関＝信用金庫」でした。「信用金庫法」に定められている事業対象や地区の制限は信用金庫のレーゾンデートルそのものです。しかし、時代の変遷のなかでこの制限規定が桎梏（しっこく）となっていることは否定できません。特に他業態との激しい競争にさらされている大都市型の信用金庫にとっては切実な問題だと思います。そうした宿命ともいうべきものを背負いながら、経済社会の構造変化のなかで自らのあり方を模索し続けているのが現在の信用金庫なのだと思います。

戦後、六〇年余の長期間、日本興業銀行をはじめとする長期三行、都銀、地銀などからなるいわば階梯的な金融秩序のもとで、資金の需要者側にもそれぞれの身の丈にあう金融機関との付き合い方がありました。そうしたなか、信用金庫は規制金利の恩恵などをバックに預金さえ集めていればなんとかなるという、いまから考えれば実に素朴で幸せな時代を生きておりました。映画にもなった漫画『三丁目の夕日』の、路地裏を生き生きと走り回っていた金融マンは信用金庫の職員だったに違いありません。

その後「身の丈金融」というあり方が消え失せてしまったのは時代の必然だったかもしれませんが、最近ではさらに進んで、信用金庫そのものの役割は終わったのではないかという議論もあるやに聞いています。

しかしながら、一〇年以上も信用金庫の経営に携わりドブ板を踏む日常のなかにある身から申し上げれば、私ども信用金庫が滅びることは断じてありません。

むしろ、疲弊が進む地方の経済社会のために信用金庫がなしうる仕事は今後ますますふえるに違いないと確信しています。とはいえ、目の前の厳しい競争にさらされながら、「協同組織性」という重い着物を羽織った私どもが、軽やかな衣服をまとった株式会社金融機関に伍して「信用金庫らしく」あるためにはどうあるべきなのか、困難な自分探しの旅が続いているというのが正直なところです。

ところで先日、本書の鼎談者である帯広信用金庫の増田理事長が当金庫を訪ねて来られました。道すがら、増田さんが「（北海道の帯広とは違って）こんな狭い道を、車がよく動いているよね。こういう世界が滅びないでいることはいいなぁ」とつぶやかれたことが鮮烈な印象として残っています。

増田さんは寸言をもって私どもが生きる町の景色をズバリと活写されました。大都市とは異なり、当金庫が立ち働いている町にはまだまだゲマインシャフト（地域共同体）的世界が息づいている。コミュニティバンクである信用金庫として、この天地に暮らす人々との共生こそが信用金庫「らしく」あるための生き方に違いない、という意を強くしたお言葉でした。

こうしたことから、当金庫のあるべき姿は三点に集約できると思い定めています。第一に、いたずらに規模の拡大を求めず質の向上を目指す、第二に、協同組織金融機関として地域密着を徹底的に追求する、第三に、地域密着の展開は野心的に走らず自らの「分」をわきまえたものとする。

要すれば、置かれた状況と体力に応じた「身の丈金融」に徹するということです。

二つの合言葉を行動指針として

中村　しからば、そのための行動指針は何か。当金庫には二つの合言葉があります。「スモール・イズ・ナイス」と「利回りより身の回り」です。

まず「スモール・イズ・ナイス」の意味です。

先般の原発事故を契機に読み返されている経済哲学者シューマッハーの著書『スモール・イズ・ビューティフル』には、「巨大さの追求が自己破壊につながる」という警告があります。また、『もし高校野球の女子マネージャーがドラッカーの「マネジメント」を読んだら』でブームが再燃したドラッカーは、『マネジメント』のなかで「市場で追い求めるべきは『最大』ではなく『最適』だ」といっています。

「スモール・イズ・ナイス」は、これら巨人たちの言葉ほどの含蓄はありませんが、「スモール・イズ・ベスト（小さいことが一番）！」のように力みを含んだ言葉でもありません。「ナイス」を、日本語で表現するのはむずかしいのですが、強いて申し上げれば「カッコいい」ということでしょうか。

したがって「スモール・イズ・ナイス！」は「ちっちゃいことはカッコいいぜ！」というほどの軽い〝ノリ〟を含んだ言葉です。映像的にいえば、当金庫の職員はセダンではなくミニバイクにまたがって路地裏を小まめに走り回る町内会のお世話係といったところでしょうか。

冒頭、当金庫は小規模金庫だと申し上げましたが、こういう謙遜した言い方は金融界あるいはマスコミ等がよく使う預金量の順位比べという習わしに私自身が影響されているためなのかもしれません。たしかに、当金庫の預金量は全国の信用金庫平均の半分にも満たない規模です。しかし、これをもって自らを矮小化し「小」と卑下することがはたして妥当なのか？という思いをずっともち続けてきました。

現在、全国の信用金庫数は二七〇で、預金規模の最大と最小の格差はおよそ一〇〇倍です。これだけの規模格差がある信用金庫業界を「協同組織性」という一本の串だけで貫いていくことは並大抵ではないでしょうが、それは措くとして業界内では比較的大きな信用金庫でも、他業態を含めた金融機関全体で考えれば相対的にはスモールだといわざるをえないでしょう。ことの善しあしは別として、協同組織金融機関という運命を背負った私どもが、規模の拡大を追うことはある意味で無限地獄への道ではないかと思っています。

私どもが「スモール」という言葉に込めているのは、経営規模の大小ではなく株式会社金融機関とは異なる協同組織金融機関としての「心ばえ」ないしは「矜持」です。さらに申し上げればこうした思いを地域で具現化するための経営の「質」へのこだわりです。

次に「利回りより身の回り」についてです。

金融界に身を置く人間は、なまじプロであるがゆえにお客様との間で最優先すべき価値は「利回り」だと考えがちです。しかし、私どもはわずかな金利の違いよりも地域でともに生きる人々との心のお付き合いを大切にすべきだと考えています。

ふるさとで、小さな身を粉にして地域貢献活動を展開する、これが「身の回り」を第一とする私どもの決意です。先に申し上げたとおり、お客様の立場からの「身の丈金融」は滅びてしまったのかもしれませんが、私どもはいま、信用金庫という存在をかけて新しい形の身の丈金融を地域社会に発信し続けたいと考えています。

「地域共生店舗」は銀行店舗への「?」の答え

——そうしたポリシーに基づく具体的な実施策などをあげていただけますか。

中村　すでに一定のご評価をいただいている事例をご紹介したいと思います。いろいろありますが代表的なものは「地域共生店舗」と「暮らしのあんしんコーナー」です。

まず「地域共生店舗」です。

地域との共生にかける私どもの思いを、具体的な形として表現した店舗が「地域共生店舗」です。現在、当金庫の店舗数は全部で一五ですが、そのうちの一〇店舗がこの一〇年で地域共生店舗に生まれ変わった店です。一昔前のことになりますが、第一号店のデザイン検討会議で、私はそれまで抱いてきた金融機関店舗に対する「？」について、素朴な問題提起をしました。

「巨大で威圧的な金庫室が店のど真ん中に鎮座しているのはなぜなのか？」

「サービス業なのに、お客様専用のトイレがないのは？」

「閉店後、カキのようにシャッターを下ろして、夜の街並みを暗くしているのは？」

「行員は座っているのに、お客様に立っていただくのは？」

「若い世代に受けるような色使いの店があまりないのは？」

などなど、数え上げればキリがないほどでした。これらの「?」を最大限解消してできあがった新店舗は、地元でちょっとした話題となりました。外観は幼稚園の建物かと見まごうピンク色、少しやりすぎたかなと思いましたが、意外なことに若いお客様からは近所の公園やイベントホールなど町の景観にマッチしていると評価していただきました。

金庫室がない店のなかは明るく軽やかで、そのままイタリア料理の店にでも転用できそうなたたずまいです。もちろん、トイレだけのご利用もOK。縦横三メートルの正面ガラス窓には閉店後、地元の木版画家えもと きよひこ氏の作品が回転投影されて街並みを照らす仕掛けも施しました。余談になりますが、この店はお客様が入りやすい店であったためなのか、なんと銀行強盗までが気軽に入ってきてしまいました(笑)。この強盗は犯行の直後、宅急便でお金を返送してきたため前代未聞だとしてNHKをはじめ全国的なニュースになりました。「遠賀」は「えんが」あるいは「とおが」と読まれることが多く残念な思いをしていましたが、この事件のおかげで「おんが信金」の名は少し売れたかもしれません。犯人が捕まっていないため、口の悪い友人たちからは名前を売るためのお前の狂言じゃなかったのかと冷やかされた思い出があります（笑）。

その後、これまでにほぼ毎年一店舗のペースで整備してきた地域共生店舗は時を追って洗練されつつあります。昨年一〇月にオープンした一〇番目の遠賀支店は、当金庫が指定金融機関を務める遠賀町の庁舎敷地内に設置されました。金庫室を極限にまで合理化して生み出したスペースは、顧客専用トイレ、年中無休の顔認証貸金庫、町との協調による市民ギャラリー、などに充てた店舗です。また、駐車場スペースを広くとり、祭りなど地域の方々が集う場としても使っていただいています。もちろん、私どもの職員もハッピを羽織るなどしてにぎやかに参加しています。

地元の方々の作品を展示していただく市民ギャラリーは、室内の照明なども本格的なものにしていますが、年々人気が高まっていてどのギャラリーも半年先までの予約がほぼ埋まっています。

作品の展示だけではなく、ある支店のギャラリーでは地元のそば同好会（「玄海蕎麦塾」）の方々にチャリティーのそば打ち実演会をやっていただきました。そこで得

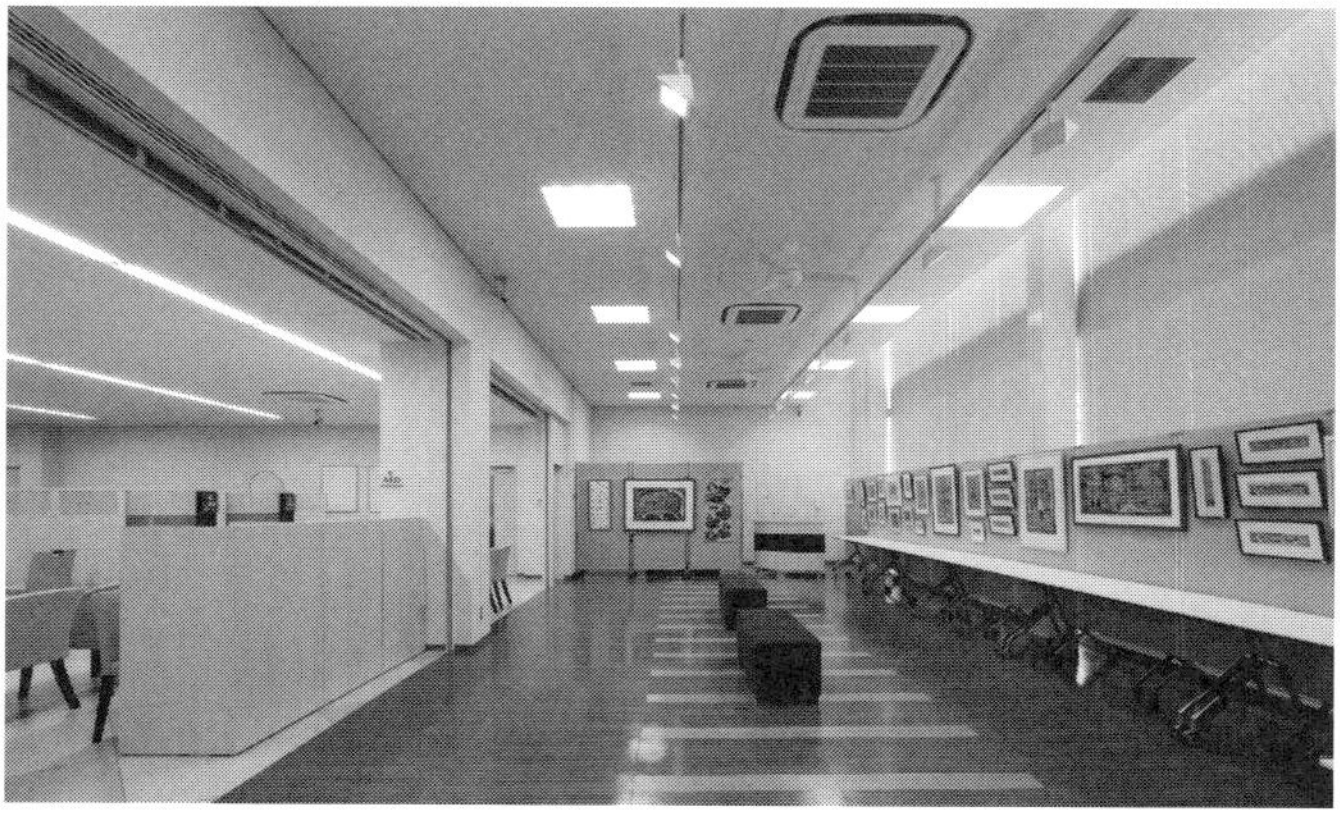

支店のなかにあるギャラリー。地元の人たちの作品を展示する。どのギャラリーも半年先まで予約ずみ

た寄付金は当金庫を通じて東日本大震災の義援金として送金させていただきました。このほか、少し変わった使い方ですが、夏休み期間中ギャラリーを子どもたちの自習室として提供している店もあります。金融機関のフロアなので冷房完備で静寂、独特の緊張感が集中力を高めると評価していただいたマスコミ報道がありました。

住民の「身の回り」は「暮らしの安心コーナー」で

中村　次に「暮らしのあんしんコーナー」です。

二〇〇四年に始めたこの取組みは、地域共生店舗のようなハードの世界ではなく、私ども自身がコミュニティの一員として地域の方々に直接接触させていただく活動です。すなわち「利回りより身の回り」の体現です。

このコーナーでは地域の方々からのいろいろなご相談を承っていますが、「お取引のない方でも喜んでご相談に応じます」というのがウリです。本部には「地域貢献課」を置いて全体的な調整を行わせていますが、各営業店の営業カウンターはすべて「暮らしのあんしんコーナー」の受付カウンターでもあります。この取組みは一〇年近くなりますが着実に根づいて、相談件数は年間一五〇〇件にのぼっています。相談の内容は、金融関係にとどまらず「電球が切れた」「介護について相談したい」「下水が詰まったのでなんとかしてほしい」「お嫁（お婿）さんを紹介してほしい」等々、バラエティに富んでいます。

先日は縁談も成就してマスコミでも話題となりましたが、その後お子様も誕生し地元テレビで再度報道されました。

「行政機関や社会福祉団体でもないのに、金融機関がなぜ」という質問をいただくこともしばしばですが、地域経済社会の一員である信用金庫だからこそお役に立てる世界があります。たとえば、下水が詰まったというご相談があれば当金庫のお取引先の下水工事屋さんを紹介いたします。当金庫のお取引先ですから法外な工事費の請求の心配はありません。また、最近ふえている高齢者世帯をねらったリフォーム詐欺等の防止にも一役買うことができます。怪しい話だと思われたら「あんしんコーナー」へご一報を、です。地域で孤立しがちな方々と、町の電気屋さん、あるいは下水屋さんとをつなぐ仕事ができるのは信用金庫をおいてほかにはないという自負があります。

私どものような地方都市でも地域コミュニティを支える共助の世界が、年を追って失せつつあるように思えます。いまでは、お米屋さん、たばこ屋さん、あるいは世話好きな町内会長さんなど地域をよく知る人々は思い出のなかにしかいらっしゃいません。「あんしんコーナー」は、私どもがご町内のお世話係を務めるという取組みです。ご相談は各営業店、渉外担当者などのほか「地域貢献課」直通のフリーダイヤル［〇一二〇―八一八一―〇四（ハイハイおんしん）］でも受け付けています。また、年配の方は電話番号のメモをなくされることが多いので、公民館などを通じてフリーダイヤル番号を記したステッカーも配付しています。これを電話の横に貼っておけば一安心という趣旨です。ご相談の内容が簡易なものや金融に関する案件については職員自らが対応し、専門的な技術や知識が必要な場合は当金庫のお取引業者や弁護士、税理士などを紹介しています。

このコーナーは当初、当金庫のテリトリーのなかで完結するご相談を想定していましたが、その後、地域を越えて対応したケースもあります。北海道在住の方からの「いずれふるさとの九州に帰るつもりだが、前もって家を建てておきたい」というご希望を、佐賀県の信金さんに紹介し対応していただいたことや、首都圏でマンションを購入したお取引先のご子息の住宅ローンを神奈川県の信金さんにご紹介した例などがあります。そうした私どものこの取組みは、一一年に全国信用金庫協会の「社会貢献賞」を受賞しました。

信用金庫には、それぞれの地域で中小企業や個人のお客様との深い絆を培ってきた長い歴史があります。加えて、北海道から沖縄まで張りめぐらされた信金の店舗数は約七五〇〇、職員数は約一二万人、さらには信金がお付き合いしている膨大な数の中小企業者、この同質かつ水平的なネットワークは必ずや郵貯や銀行とは一味違う対応力を発揮するはずです。

暮らしのなかで生ずるさまざまな問題解決のため、全日本的広がりをもった信金のセーフティネットがお役に立つ。その可能性は十分にあるような気がしています。ちなみに、現在、全国信用金庫協会による業界三カ年計画のサブタイトルは「しんきん『つなぐ力』」です。

――中村会長はネアカでキャッチフレーズづくりの名人ですが、そうした遠賀信金のユニークな企画は、ほとんど会長が楽しそうに（笑）音頭をとってムーブメント的に派生しているようですが。

中村　いわずもがなのことですが、当金庫の役職員はそのほとんどが地元育ちですからよそで育った銀行の支店行員よりずっと地元のことを知っています。何よりもふるさとへの思い入れが強い。親戚、友人など、人に関する情報も豊富です。

これを強みに日常の金融ニーズに応えるのは当然のこととして、一歩進んで地域の方々の生活相談にも乗らせていただくという自発的な取組みが「あんしんコーナー」です。こうした非金融的活動をも含めた町内会的あり方が、私どもが考える「身の丈金融」であり、リレーションシップ・バンキングなのではないかと思っています。

一方、地域の経営者たちにも、「このふるさとで自らを全うしたい」という熱い思いをもった若者が多くいらっしゃいます。そういう方々のなかに私も入れていただき、いくつかの地域で勉強会を立ち上げました。

たとえば、福岡市近郊には「がってん会」という交流会があります。命名の由来はいくつかあります。一つは、メンバーのだれかが「やろうぜ！」と声を上げたら「ガッテン！」と走り出す会であること。二つに、それぞれのメンバーは小さな「点」にすぎないとしても皆で集まれば「面」になる会、すなわち「合点会」であること。

そして三つは、ややダジャレめいていますが「ガッツを展開」する会「ガッツ展開」といったところです。

別の地域にある「夢想塾」には地域を支える大きな存在に育った人々がいます。たとえば、レストラン「ぶどうの樹」から出発して、全国的にも知られる地産地消のパイオニアとなった小役丸秀一さんはその一人です。地元の食材を活用したパンやジャム、ソーセージなど多彩な商品を製造販売しているほか、病院食もやっています。

初めて出会った一〇年あまり前彼は四〇代半ば、売上げは九億円だったと記憶していますが、現在では三〇億円近くにまで成長しました。フランチャイズを含めたレストランチェーンは全国展開していて、東京でも丸の内やたまプラーザなどに「野の葡萄」という店名で四店舗が出店しています。大きな声ではいえませんが、私は「ぶどうの樹」の影の営業部長です。皆さんもぜひ行ってみてください。もちろん、同社のメインバンクは遠賀信用金庫です（笑）。この会社は宿泊施設、結婚式場、さらには子どもたちの食育のための体験農場もあります。最近では、九州新幹線の開通で賑わう新博多駅ビルのキーテナントとして、産地直送の新鮮な料理とワインを提供するレストランを出店しています。小役丸さんは農業から出発して、食品製造業、さらにはレストランを中心としたサービス業までの六次産業化を追求しているといっています。

「足利き」で七七〇万枚をポスティング

――遠賀名物？（笑）としては、ほかにも地元メディアで大きく紹介された「フリーローンおんがえし」がありますが。

中村　二〇一〇年六月の改正貸金業法の完全施行により、貸金業の利用者は借入額の総量が規制されることとなりましたが、私どもは健全な小口貸出までもが抑制される可能性が生ずるのではないかと判断しました。加えて、法改正のそもそもの趣旨である「多重債務者問題の解決」「消費者ローン利用者の債務の健全化」等について地域に根ざす信用金庫としてなんらかの貢献ができるのではないかとも考えました。

そこで、法が施行される二年前の〇八年六月、地域貢献商品と位置づけた「フリーローンおんがえし」を発売しました。利用金額は一〇万～三〇〇万円、返済期間七年以内、金利は七・八％～一一・八％という商品です。「おんがえし」というネーミングは「遠賀（おんが）信用金庫」が、翌〇九年九月に創立六〇周年を控えていたことから、地域のお客様に恩返し（「おんが」えし）させていただくという私どもの思いを重ねたものです。

この商品は発売後三年足らずの一一年三月末までの実行総額が一〇〇億円超というヒット商品になりました。その理由はいくつか考えられますが、特に効果的だったのは、第一に各営業店の若手職員を「消費者ローン推進委員長」に任命し、本部との連携や営業店における推進管理、改正貸金業法の勉強会の主催等、推進体制のリーダーを務めさせたこと、第二に地域の皆様に「おんがえし」をご案内するツールとしてポスティングを集中的に実施したこと、の二点だと思います。特に、おもしろい取組みとして、マスメディアに取り上げられたのはこのポスティングです。

私どもは、広報ツールとして「ラジオ放送」「新聞」「ＪＲ電車内のステッカー」

「ポケットティッシュやうちわ」「のぼり旗」「市町村の広報紙」「HPのバナー」「駅前等でのチラシ配布」「チラシのポスティング」等々、さまざまなツールによるCMを試行しました。この結果、最も大きな反響があったのはチラシのポスティングでした。

これは、初期段階で取引のきっかけについてお客様にアンケートをお願いしたところ、ほぼ半数の方々から「ポスティング」という回答を得たこともあり、以後全役職員をあげたポスティング活動を展開しました。たしかに、マンションをお訪ねしてピンポーンとやっても、お話ができるチャンスをいただくことはないといっても過言ではありません。駅頭でのチラシ配りも、一緒にくっつけたティッシュペーパーはポケットに入れていただけますが本体はゴミ箱へ直行です。

短期間で貸出実行総額が一〇〇億円の大台に乗ったのは、「足利き」を行動の原点とする私どもの徹底的なポスティングでした。チラシの配布枚数は開始から三年間で、ほぼ七七〇万枚に達しました。ケタの間違いではありませんよ（笑）。

ここで「ちょっといい話」をご披露しますと、真夏の日盛り、勘定集計終了後ポスティングに汗をかいてくれている女子職員に街で出会ったことがあります。その時のやりとりをご紹介します。

「アレ？　○○さん、髪をカットしたの？」「街を走り回っていると、びっしょり汗をかいて首筋にアセモができるのでカットしました。（笑いながら）女性の黒髪を切らせた責任をどうしてくれるんですか？」「ウーン、ご苦労さまです。おわびといってはなんだけど、やってあげられることはない？」「じゃあ、スニーカーを買ってください。男性と違って女性の靴は動きにくいし、傷みも激しいんです」。

早速全員にスニーカーを配りました。その後、初代のスニーカーは「履きつぶし」となったため、現在のスニーカーは二代目です。

先ほど申し上げたように「おんがえし」は、地域のお客様への貢献という思いから出発した商品ですが、結果的に業績の向上にも寄与しました。実行後三年間の融資先数の増加は約二割、総貸出金利回りも最大で約○・二％の上昇を見ました。貸出金利の低下が進むなかで「おんがえし」は当金庫にとっても大きな「恩返し」をしてくれました。

この取組みのなかで、いくつかの印象深い出来事がありました。チラシをご覧になった女性から連絡をいただき、職員が訪問したところ、お住まいは消費者金融とはとても結びつかないような豪邸です。お話の趣は、何種類ものカードを使っていて収拾がつかなくなり困っている、相談に乗ってほしいとのことでした。一本化をベースに対応した結果、利息負担がかなり軽減し、お礼にということで多額の定期預金をいただきました。

私どもにありがちな、消費者ローンの利用者イコールその日暮らしの人、といった思い込みが見事に覆された事例です。

もう一例は、多額のお申込みを否決せざるをえなかったお客様の既存の債務について、念のために司法書士に見てもらったところ、過払金請求の手続をすべきということになりました。手続を進めたところ、結果的に三二〇万円もの利息が戻ってきました。私どもへの借入申込額は三〇〇万円でしたので、それよりも多い利息が返還されたというウソのようなホントの話です。

私どもはお客様からのご要望をふまえ司法書士を紹介する体制を整え、すでにご紹介した「暮らしのあんしんコーナー」も窓口の一つとして活用しています。

「おんがえし」は、ポスティングを行うために、住宅地図を手に役職員総出で街中を歩いた商品です。結果として、足利きによって、信用金庫人としての地べた目線を皆で再確認、共有できたことも大きかったのではないかと思っています。

お陰様でこの「おんがえし」は、「多重債務者問題の解決に資する優れた取組み」であるとして、一一年六月金融担当大臣から顕彰されました。

無名の二人のアーティストとコラボレーション

——ところで、中村会長は地域の若いアーティストを育てていらっしゃると聞きますが。

中村　育てているというより、一緒に育ってきたというのが実感です。
私が遠賀信金の理事長になった一二年前、偶然まだ無名に近い二人のアーティストにめぐり合いました。お一人は男性の木版画家えもと　きよひこさん、もう一人は女性の絵本作家、さかい みるさんです。お人柄そのものの大変ハートフルなお二人の作品にすっかり惚れ込んで当金庫にかかわる仕事をお願いしました。

えもとさんには、一枚刷りの大型（A1サイズ）のカレンダーを作成していただきこれを純木製の額に入れてお客様に配っています。すでに一〇年目になりますが、近隣の美術館にも収めていただいているほどの芸術性があり、非常に人気があります。

このカレンダーを、お取引先の社長応接室などに飾っていただくと、他金融機関に対する魔よけ（笑）にもなっていますし、年の暮れに中身を差し替えるために訪問したついでに、ご商売の話もできるという副次的効果もあります。

好評を博しているえもと きよひこ氏の木版画カレンダー

このカレンダーは、私どものテリトリーのレストラン、病院、駅の待合室、幼稚園などにも広く置いていただいており、当金庫のPRに加え、えもとさんの知名度を上げるお手伝いにもなっていま

えもと氏の作品が「大震災復興事業記念金貨」のデザインに選ばれた。えもと氏とともに快挙を喜ぶ中村理事長（当時）

す。ふくろうや森、懐かしい木造の校舎などのデザインの好感度は高く、先ほどご紹介した「ぶどうの樹」のオリジナルワインのラベルにも使われているほか、ハンカチや小風呂敷などにもこのデザインがあしらわれ好評を博しています。

実は昨年、このえもとさんの作品が、「東日本大震災復興事業記念金貨（二〇一五年発行）」のデザインとして選ばれました。彼の喜びの大きさはもちろんですが、長年お付き合いしてきた私どもにとっても誇らしく嬉しい快挙です。これにより彼の作品の価格が上がったことはちょっぴり残念ですが（笑）。

さかい　みるさんには「クロネコのメチャ」という可愛いキャラクターを提供していただいております。当金庫のディスクロ誌は、毎年度、表紙からなかのカットまで彼女のデザインが満載されていて、まるで絵本のようだといわれています。

彼女が生み出すさまざまなキャラクターも年々人気が上昇していまして、特に「メチャ」はスマホのアプリの人気ランキングで上位にあります。昨年のことですが、アプリを取り扱う会社が東京の地下鉄大江戸線の吊り革にメチャをあしらった広告を出しました。電車のなかのすべての吊り革でメチャが揺れているのは壮観でした。

さかい　みるさんの「メチャ」がデザインされているディスクロ誌

東京の友人からは、遠賀信金もついに東京進出を果たしたのかと冷やかされましたが、これはあくまでもアプリ会社の広告です。私どもは、メチャについて商標登録などはしておらず、どこにでも勝手に遊びに行っておいで（笑）、という姿勢です。でも、遠い東京でメチャが人気を集めているのは、親として悪い気持ちではありません。スマホで「メチャくん」とクリックしていただくと、颯爽と彼が現れます。お暇があればお試しください。

お二人のデザインは当金庫の通帳、カードをはじめ、子どもさん向けの小さなぬいぐるみやお年玉袋など、さまざまなグッズに使用しています。もちろん、年に何度かは、地域共生店舗のギャラリーでお二人の作品展も開催され、好評を博しています。

なお、さかい みるさんは東北大震災で悲しい目に遭われた子どもさんやお年寄りを励ましたいとして、自らがつくった小さな絵本を贈る活動を続けています。この二年あまりでその数は二万部に達しています。

私どもも、お手伝いをしており当金庫が主催する音楽会や講演会などでチャリティーのご寄付をいただいています。先ほど申し上げた、市民ギャラリーでのそば打ち大会の寄付金もこれに充てました。

四信金で総額三一億円の大型協調融資を実現

――最近信金界では金庫間の協調や連携が活発化していますが、中村さんが理事長時代近隣の三信金に呼びかけて結成した「クローバーグループ」などはその代表的な事例でしょう。小さな葉っぱが四枚集まって「クローバー」ですか。

中村 「四枚の小さな葉っぱ」といわれるのは少し悲しいですが（笑）、具体的には福岡県の真ん中辺りにある四信金、福岡信金（工藤賢二理事長）、飯塚信金（新開昭彦理事長）、田川信金（市岡敏生理事長）と遠賀信金が二〇一〇年六月に連携したグループのことです。

四つの信用金庫は事業区域がほとんどオーバーラップしているため従来から親密な関係にはありましたが、いわば親睦会の域を越えた連携までには至っていませんでした。しかし、われわれ四信金が立地する福岡県は先ほど申し上げたとおりの金融激戦地であり、資金需要が低迷するなか上位業態金融機関が信用金庫の存立基盤である中小・零細企業にまで融資攻勢をかけてきています。パイが拡大しないなか競争が激化するのはやむをえないことでしょうし、金融機関がもみ手をしながら有利な条件を提示してくれるのはお客様にとっても悪い話ではありません。

しかし、あきらめてばかりというわけにもいかないので皆で相談をして自衛のためにも合従連衡しようか、ということになりました。比喩的にいえば、アフリカのサバンナに暮らすシマウマは飢えたライオンに襲われそうになったとき、群れでライオンに尻を向けて円陣を組み激しいキックを繰り返すそうです。アッパーカットを食らっては大変と、さすがのライオンもすごすごと引き下がる、というお話です（笑）。

九州の信金間の協調のケースとしては宮崎県でも一二年六月に五つの信金による連携が行われたと聞いています。

グループ発足の翌年、一一年三月にはクローバーGに信金中金を加えて総額三一億円の協調融資を行いました。融資対象は福岡市郊外に建設される高齢者専用住宅を併設した病院です。事業者である医療法人を中心としたグループは、従来からの当金庫の顧客ですが、本件プロジェクトは規模が大きく、当金庫単独での対応には無理があ

連携調印式での４信金理事長。
飯塚信金・新開、遠賀信金・中村、田川信金・市岡、福岡信金・工藤の４氏（左から）

CLOVER
SHINKIN GROUP

４信金のホームページトップに出る
「クローバーグループ」の動画ロゴ

るため、クローバーGで取り組むに至りました。

優良案件であるため、複数の銀行からも積極的なアプローチがありましたが、これまでのお付き合いの深さから、私どもの対応に落ち着きました。小さな葉っぱが大型融資を行ったということで、「身のほど知らず」（笑）と、一部の地銀さんがつぶやいたらしいというお話も聞き及んでいます。また、小口の案件にしか対応できないと思われていたお客様の、信用金庫をご覧になる目も少し変わったように感じます。

クローバーGの協調体制は融資だけにとどまらず、預金（「クローバー定期」）をはじめ保険商品の協調販売や販促品の共同調達にも広がりつつあります。また、役職員の各階層レベルでの情報交換も頻繁に行っています。その後もいくつかの融資案件が俎上にのぼっていますが、当然のことながらグループ内で是々非々の議論を行っておりいずれまた具体化するものが出てくるでしょう。

さらに、一二年～一三年にかけてクローバーG四金庫を含む福岡県内すべての信金（八金庫）が福岡県全域を事業地区とする定款変更を行いました。これにより、福岡県の全信金が県内の大型案件に協調して取り組める体制が整いました。

前にも申し上げましたが、信用金庫法は私どもに事業地区の制限を課しています。協同組織金融機関として、定められた地域のなかで、中小企業および個人に対する金融仲介機能の発揮に専念すべし、との趣旨なのでしょう。これをある意味でサポートしていたのが銀行等の信用金庫近隣への出店を厳しく制限する、かつての「店舗行政」でした。しかしながら、金融自由化の流れのなかで一九九七年にはこうした保護的措置は廃止され、その結果、信用金庫に近接する他金融機関店舗の進出が相次ぎました。

当金庫の支店のそばにも、複数の銀行店舗が進出しています。受ける側の私ども信用金庫は法によって地域が限定されていますから、報復的に他地域へ店舗展開することはむずかしく、いわば手足を縛られて戦わざるをえない立場に追い込まれています。われわれは絶滅危惧種だといえば自虐的に過ぎるでしょうか。

ただ、ひるがえって信用金庫の事業地区の制限とは何なのかを考えますと、すでに北海道では数百キロメートルも離れた地区への出店が認められており、首都圏をはじめ、他府県にまたがるエリアを事業地区とする信金も枚挙にいとまがありません。

要すれば信金法施行規則第一六条に定められた「地区の経済事情に照らし」、必要とあらば応分の地区拡張はさしつかえないということです。福岡県内の信金が一斉に全県を事業地区としたのはこれによるものです。

以上のとおり、枠組みとしては上位業態への対抗軸ができあがりつつあるとはいえ、これを実効あるものとするためには、各金庫の連帯をさらに強固なものとし、具体的融資案件等への対応のスピードを上げていくことが不可欠だと考えています。

これまで、信用金庫は独立独歩の傾向が強く、大小にかかわらず信金同士の連携には消極的だとされてきましたが、孤高を貫こうとしても空から降ってくる他業態の力業で個別撃破されかねない時代です。こうしたなかで、クローバーGの連携による大型協調融資の成功は、一つの方向性を示したものだと思います。

ただし、この流れをさらに大きく確固たるものにするためには、今般の協調融資でも協力いただいた信金中金の強力なサポートが不可欠だと思っています。申すまでもなく信金中金は信用金庫のセントラルバンクであり、私どもはさまざまな場面でお世話になっているのですが、今後のあり方について少しだけお願いがあります。

冒頭でも触れましたが、信用金庫全体の預貸率は、現在五〇％程度にまで低下するという深刻な状況になっています。最大の要因は資金需要が乏しいなかでの貸出の低迷なのですが、加えて、上位あるいは政府系金融機関からの激しい攻勢が私どもの融資機会を奪っていることも事実です。そうしたなかで、貸出が伸び悩む私どもの余裕資金を信金中金への「預け金」にもっていくのにはいささかの抵抗感があります。

信用金庫は地域で集めたお金を地域に還流（貸出）することを使命とする金融機関です。他業態との競争で悪戦苦闘している信金に肩を貸していただき、信金中金自らが協調融資あるいは直接融資を行い、信金界をあげて戦う姿勢をくっきりと示していただきたいと思います。信用金庫のプレゼンスを高めるために、セントラルバンク信金中金にお頼りするや切（笑）、というところです。

「一所懸命」を貫きつつ連携を強く

――クローバーグループはいずれ合併まで進むのかという見方もあると思いますが……。

中村　一般論として、厳しい状況下にある信用金庫の将来の方向性については、連携型と合併型があるのではないかと考えています。今後このグループが合併まで進むのか、それとも合従連衡でいくのかは、それぞれの金庫が置かれている状況によって判断すべきなのはもちろんですが、現状では、私どもの立場は「一所懸命」を貫きつつ、必要に応じてクローバーGとして連携を強めることだと考えています。

信用金庫の合併・再編は、リスクテイク能力の向上、重複店舗や人材配置の合理性の向上のためにも有効な手段であるといわれます。経済合理性ということからいえば否定すべきではないのでしょうが、私どものような地方の信用金庫の立場からあえて申し上げれば、合併の結果生ずる地域密着性の希薄化が、結果的に信用金庫のプレゼンスを損なうのではないかと考えています。

信用金庫は、それぞれの地域に深く根ざして今日に至った歴史があります。会員の皆様とは一心同体といってもよく、それこそが信用金庫の事業モデルの原点だといっても過言ではありません。「経済合理性」あるいは「規模の利益」を求めて合併したとして、旧来のお客様の支持をつなぎ留めることはできるのか？　どこかに「オラが信用金庫」という形を残しておいたほうがいいのではないか。私は、信用金庫の合併は経済合理性もさることながら、もっと深いところに横たわる文化、あるいは心のようなものの合併でもあると考えています。

もう二昔も前のことになりますが、役人（財務省）をやっていた頃ある地方の信用金庫の合併を仲介したことがあります。当事者である信金の関係者（有力総代、大口取引先等）が、決められた手続によって実行するのが合併だと思っていたところ、予想もしない問題が生じました。私どもからは見えていなかった方々、たとえば信金とは取引のない地元の有力者、町内会、町の議員さんなどからの反発です。

おっしゃったことは「お上は長年この町を本拠地としてきた金融機関をつぶすのか。われわれの町を軽視するのは許せない」といった趣旨でした。この合併話は、破談になることはありませんでしたが、信用金庫の合併は資本の論理だけではうまくいかないんだと思い知った出来事でした。

もちろん、将来の論議の結果として協同組織金融機関の再編という方向性が示される可能性なしとはしないでしょう。まったく先が見えない現時点で「たら、れば」を論じるのはご勘弁いただきますが、私なりに申せば、そうなったらその時に、そこに生きる人々が決めるしかないのだと思います。

いまの私には、このふるさとで一所懸命「信用金庫人」としての生き方を貫くこと、それしか念頭にありません。

――二〇一三年三月に適用期限が終了した「金融円滑化法」後の状況はどうですか。

中村　安倍内閣の景気対策の恩恵はいまのところ地方、特に末端の中小零細企業にまでは及んでいないというのが私の実感です。いま、私どもが心を傷めているのは円滑化法終了に伴って矢継ぎ早に中小企業の再生支援についてのさまざまな枠組みが用意されていますが、そうした公の再生支援の枠組みには乗りがたい、極端にいえばその日暮らしに近い苦境に置かれた零細企業にどうお付き合いしていくのかということです。

円滑化法に直接関連するお話ではありませんが、四年あまり前、中小企業の資金繰りを支援する緊急保証制度が実施された時のエピソードをお話ししたいと思います。

某経済誌のインタビューで、この制度のもとで当金庫はどのような対応をするのかと問われ、以下のようにお答えしました。「この制度の影響なのか、当金庫の取引先にも大手銀行から保証付融資の話が舞い込んでいる。だが、ノーリスクだからといって安易な融資合戦に陥れば、余計に債務をふくらませて倒れる企業がふえるのは目に見えている。事業の継続や転業の相談にも真摯に対応し、お貸しする以上は、親子何代でもお付き合いをする。『貸逃げ』を絶対にしないという覚悟が私どもの当たり前の立場だ」。結論的に申し上げれば、円滑化法の前であれ後であれ、信用金庫の姿勢は一貫しているということです。

なお、今後のことについて若干懸念しているのは次の二点でしょうか。一点目は、円滑化法に基づいて協調対応している債務者を、メインバンクである上位金融機関が突然不良債権者にランクダウンすることです。後ろについている私どもにとっては大変困る事態です。この点については、金融当局からのお達しもあるのでそういうことはないと思いますが。

他の一点は行政当局の「君子豹変」でしょうか。私もこれまでいくたびも金融検査を受けましたが、資産査定でのやりとりが円滑化法以前といまでは劇的に変わったように思えます。「なぜ貸したのか?」から「なぜ貸さないのか?」への変化です。私どもの与信の源泉はいうまでもなくお客様の「ご預金」であり、恣意に任されるものではありません。預金者保護という観点に加え、債務者のことをよく知る立場からすれば「貸さぬも親切」ということもあって然るべきかと思えます。もちろん、融資判断は自己責任において行われるべきものですが、それを許さない「空気」みたいなものがあるようにも思えます。

さまざまな情勢を背景とした行政のご指導とあらば、背くことがあってはなりませんが、近い将来、「なぜ貸したのか?」になることだけはご免被りたいものです。私どもは同じ地域で生き、死ぬのですから転勤して逃げるわけには参りません。この点についてもご当局からは「心配無用」というお言葉をいただいていることを心強く思っています。

「穂多木神社」のこと、信用金庫とは何か……

――中村会長は財務省を退職して信用金庫業界に転身されたわけですが、いま強く思うことは。

中村　私は一三年前にふとした縁で故郷の遠賀信用金庫に勤めることとなりましたが、それまでの三〇年間は財務省（大蔵省）の役人をやっておりました。役人生活ではさまざまな分野を経験しましたが、通算しますと、お付き合いが最も長かったのは金融界です。役人としての最終ポストは北海道財務局長です。

当時住んでいた札幌の住居は、北海道神宮のそばにありまして、その広大な杜（もり）を散策するのを楽しみにしていましたが、その参道にあった末社の一つが「穂多木《ほたき》神社」です。穂多木という耳慣れない名にひかれて脇の由来記を読んでみますと、これは北海道の開拓とともに歩んできた北海道拓殖銀行の殉職者を祭神とした神社だとありました。

おそらく、開拓の苛酷な営みのなかで、金融マンとしての職責を遂行中、なんらかの事故に遭って倒れた行員の御霊が祀られているのだと思いました。「穂多木神社」の名「ほ・た・き」は「北海道」の「ほ」、「拓殖」の「た」、「銀行」の「ぎ（き）」をつないだものです。

ちょうどその頃、拓銀は終末の場面を迎えており、職掌がら、その対応に走り回るという、苦しくつらい仕事をやっていたこともあって、いまでもこの神社のひっそりとしたたたずまいが心に焼きついています。それにしても、金融機関が神様になった例はほかにないでしょう。しかし、地域のなかで人々の素朴な信仰の対象にまで昇華した銀行があっけなく滅んでしまった（神が死んでしまった）ことをどう受け止めたらいいのか、ずっとわからないまま日が過ぎていました。

ある日、札幌で厚い友情を結んだ公認会計士さんから一通の手紙が届きました。彼が監査を担当していた北海道の中堅企業が倒産したという便りです。社歴も古く、経営者も立派な方だったので、まさかとびっくりしましたが、文面にはこう記されていました。「真面目経営の真面目倒産です。メイン銀行の力量が問われましたが、メインは（拓銀が消滅したため）東京に本店を置く○○銀行に変わっていました。残念です」。

手紙を読み終えて、神様になった銀行がいなくなるというのはこういうことだったのかと、つらかったことを思い出します。

拓銀は、北海道開拓の下支えを使命とする特殊銀行を前身とする都銀でした。地元の人々からは「拓銀さん」と親しみをこめて呼ばれ、地域経済から頼みにされた銀行です。預金量は約六兆円に達していましたが、地域とともに生き、そして地域経済の停滞とともに滅んだ金融機関という点からいえば、巨大な信用金庫的存在だったのかもしれません。

また、当時の混乱のなかで、北海道各地の信用金庫が地元中小企業のため渾身の力を発揮し、地域経済を下支えしたことも忘れられません。当時、北海道信用金庫協会の会長だった稚内信金の井須理事長のご活躍はいまでも鮮明に覚えています。井須さんにはその後もずっとご厚誼をいただいていまして、信用金庫人としてなんとかやってこられたのも、彼のご指導のおかげです。

大蔵省退職後は、国立国会図書館で財政金融調査室長を務めまして、アメリカのCRA（地域再投資法）なども少し齧（かじ）りました。

あれやこれやで、いつの日にか機会があれば、地面に最も近い目線の信用金庫で仕事をしてみたいと思っていました。ふとした縁でふるさとの遠賀信用金庫に勤めることができたのは、大変に幸せなことでした。志願してこの業界に入らせていただいたので、よくいわれるような天下りではありません。入庫以来一三年間、いろいろなことにチャレンジしてきましたが、はたして一人前の信用金庫人になりえたのか、まだまだ自信はありません。

――締めくくりとして、あらためて中村さんにとって「信用金庫」とは何ですか。

中村　私どもの組織がなぜ「信用」金庫と呼ばれることになったのか、その経緯はよく承知しませんが、最近読んだ浜矩子さんの『中国経済あやうい本質』という本に興味深い一節がありました。その大筋を紹介しますと、

「(『信用供与』『信用創造』という言葉があるが)金融行為の前提にはヒトがヒトを信用するという関係が欠かせない。信用が金融に通じるのは、何も日本語に限った話ではない。信用を供与するということを英語でいえば『クレジットを与える』という言い方になる。credit の語源はラテン語の credere であり、この意味はまさしく『信じる』なのである。ちなみに、キリスト教の最も重要な祈りの一つに『使徒信条』というのがある。この祈りのラテン語バージョンは credo の一言で始まる。『我は信ずだ。その後に『唯一の神を』と続く。経済用語のクレジットのもとをたどれば、そこには神と人間の出会いの場がある。驚くのはラテン語ではない日本語の世界においても『金融』をちゃんと『信用』と表現していることである。信用取引、信用組合(金庫)等である。『ヒトがヒトを信用する』ところに金融行為が発生することを、これらの用語が実によく物語っている。洋の東西を問わず、人間同士の信頼関係なきところに、経済活動なしである」というものです。

話はそれますが、英語の「bank」が、日本や中国でなぜ「銀行」なのかについては、ずっと以前中国文化圏で暮らした経験から、およそのことは推測できます。中国本土はもちろん、台湾やインドネシアなどにある中華街を歩いていますと、よく「金行」という看板を掲げた店を目にします。さらに「水電行」という看板もあります。中国語で「行」というのは「お店」ですから、金行は貴金属店、水電行は水や電気にかかわる商品を取り扱う店です。中国では古来、おカネの基準は「銀」でしたから、それを取り扱う場所が「銀行」であることはごく自然なことだったのでしょう。

とりとめもない話で恐縮ですが、「bank」は、一二世紀頃、世界の貿易、文化の中心であった北イタリアの両替商（銀行の原型といわれている）が、仕事のために使用した「banco（長机、腰掛け）」に由来しているといわれています。

「銀行」にしても「bank」にしても、金融取引を行う店、腰掛けといった、即物的で無味乾燥ともいってよい名付け方ですが、「信用金庫」は一味違います。「ヒトがヒトを信用する」ことから始まる「こころ」の金融機関なのですから。

地域経済振興部／企業支援担当／ふれあい相談室の三本柱で「十勝の公共財」として機能する

帯広信用金庫　理事長　増田　正二

帯広信用金庫の経営指標

項　　目	2012年度	11年度	増減（%）
預　　　　金（億円）	6,241	6,176	1.04
貸　出　金（億円）	2,757	2,768	△0.39
預　貸　率（%）	44.17	44.81	△0.64
当期純利益（百万円）	1,491	1,493	△0.16
コア業務純益（百万円）	2,843	3,069	△7.33
預貸金利ざや（%）	1.05	1.05	0.00
総資金利ざや（%）	0.27	0.31	△0.04
ROA（コア業純）（%）	0.41	0.45	△0.04
不良債権比率（%）	3.77	3.48	0.29
自己資金比率（%）	20.04	20.11	△0.07

（注）　本店所在地：北海道帯広市。営業区域：十勝管内全域、釧路市等。店舗数：33。役職員数：約440人。

増田　正二（ますだ　しょうじ）

1948年生（北海道出身）。66年道立新得高校卒、帯広信用金庫入庫。本店渉外二課長、西支店長、本店副本店長、営業推進部長等を経て2001年理事・本店長、05年常務理事、07年理事長。十勝地域に本店を置く唯一の信金として「地域への責任」を強調。“道産子”のバイタリティで、有言即実行のリーダーシップを発揮。

本業の収益厳しく有証運用で利益確保

――帯広信用金庫の現況と二〇一二年度決算の概要をお聞かせください。

増田　預金は自然体のなかで二%弱の増加率を確保できたので、特段問題はなかったと考えています。融資に関しては私が重視している平残ベースでは前年度比マイナスの〇・三%、九億円減でした。これは総合的には完敗だったかなという印象です。

地元北海道の地方銀行の低金利攻勢が熾烈を極めていますから、競争したところ、しなかったところもありまして、ただしそういうなかでも融資を伸ばしている信用金庫もありましたから、そういう意味でいうと当金庫は融資のボリューム的には完敗ということですね。

収益的に見ますと、貸出金が落ちて同時に利回りも相当低下しましたので、かなりの貸出金利息の減収がありました。

保険窓販などのフィーのほうはほぼ横ばいでしたが、共通して有証利回りも低下していますからトータルの資産運用収益としてはかなりの減収となりました。これをここ数年来力を入れてきた市場部門の短期売買、ディーリング、キャピタルアセットで補いましたが、トータルとしては信用リスクへの備えもかなりの積上げをしたので収益では前期比横ばいという結果でした。だいたい一五億円というところは確保しましたから、計画よりは利益が出たのでいいんですが、それはあくまでも結果の利益であって収益構造的には厳しい状況といえます。やはり本業の資金収益は相当厳しい状況であり、改善の道が必ずしも十分に見え切っていません。

そういう意味では相当厳しいという認識をもっています。

——二〇一三年度の見通しは。

増田　たぶん前年度の流れを大きく改善することは考えにくい。むしろ資金収益についてはもう一段下がるのではないかなという気がしています。昨年度はまだ調達のほうで預金利回りが若干低下しましたから結果として多少のプラス要因でしたが、さすがにここへきて直接的な預金コストはもう完全にボトムに達していますから、利回りの低下する部分はボリュームでカバーしていかなければなりません。相当厳しいとこ

帯広信用金庫本店

ろがあります。

それとキャピタルについても、もう大きくリスクをとれるような市場環境ではないですね。発射台そのものが〇・五％台で始まって、いま〇・八％を割り込んでいるような状況ですから。そのなかで円金利リスクをどこまで突っ込んでとっていけるかというと相当抑制的に対処していかなければなりませんので、市場部門で昨年のような状況というのはちょっとつくりにくいなと思います。

結果として、もっているポートフォリオの含み益は、足もとはたぶん五〇億円ぐらいのところにありますけれども、これを売ってしまって寝てるというわけにもいきませんから、結果として含み益があったとしても大した役には立たないんです。多少の金利上昇リスクに耐えられるという代物にしかすぎません。売って利益にするというわけにもいきませんので、その辺は状況をみながらということになると今期はさらに一段と収益的には厳しいという見方をしています。

――与信コストは二〇一二年度はどうだったのですか。

増田　前年度よりも一般貸倒引当金で三億円ちょっと増えました。それから、個別貸倒引当金も二億円増えて、トータルでは六億円強積増しすることができたので結果には満足しています。相当部分の備えができましたし、キャピタル・ゲインを稼いでいるうちにポートのなかにある以前に買ってほとんどタダ同然になっていたものを、将来性のないものはこの際全部外せということで相当部分を売却しましたから将来的な負の部分は相当退治できました。結果には満足しているんですが、プロセスが悪いということです。

結果の利益は出ているが、その出方が本来の地域金融機関の本業での収益とはかなり別のかたちになっているのでまさにあの手この手の「あの手」で儲けただけで、いちばん肝心なところがどんどん厳しくなっているという、そこが大きな課題です。たぶん道内の信用金庫は、ほとんど似たような状況に置かれているのではないでしょうか。

一次産品の付加価値化を「振興部」がリード

――農業地域型、第一次産業型という地域性を前提にしたうえで、経営理念について最近の特徴的な施策やサービスなどを実例に出しながらご紹介ください。それらをふまえたうえで、今後の方向性などについてもお考えをお聞かせください。

増田　帯広信用金庫は発足当初から一次産業、特に農業を中心とした地域に根ざしてきました。そして、まもなく創業一〇〇年を迎えます。この間、一貫して、基幹産業である農業というベースの上に立って、道内のよそから比べますと比較的安定した経済のなかで順調な経営を続けてきました。ところが、この一〇年ほどでしょうか、やはりバブル経済がはじけて以降、地域の経済情勢もだいぶ変わってきました。

補完的に農業と同じぐらいの依存度があった公共事業は、ピーク時に二〇〇〇億円を超えていましたが、直近では七〇〇億円を切るぐらいのところまで落ちました。しかもかつて落札率は、九〇％後半であったものが、いまはそれが八〇％台に落ち込んでおり、予算の減少とも相まって地域に落ちる公共事業の経済効果はきわめて少なくなりました。

また、かつての十勝は食材の産地ということで「食糧の供給基地」という役割を担っていました。質量ともに優良な穀類・野菜・牛乳、生肉、畜肉など食材の産地ということだけで豊かさを享受していましたが、食材の生産だけでは徐々に生産額が減少してきました。農業はいまもって順調なんですが産業構造的にはかなり弱まってきました。これら失ったものを補完するためには、一次産品を地域でどう付加価値をつけていくかというところが地域活性化のまさに要となっています。

そういう観点から地域を見渡しますと、方向性は各界とも一致していていま何をし

十勝の産品―穀類・野菜・乳製品・肉―の付加価値化を進める

なければならないかもわかってはいるんですが、それを現実的に前へ動かしてくれる主体となるべきところがなかなか見当たりません。行政や商工団体は財政難であったりして、その先へはなかなか進んでいきません。そうしたジレンマのなかで、預金および貸出金の地域シェアが最も高い帯広信用金庫がそうした専門部署をもって、そういう気運をこの地域のなかで盛り上げていかなければならない。そこで、当金庫は「地域経済振興部」という部署を立ち上げてリード役になっていこうとしています。

帯広信用金庫の発足当初から現在までを振り返ってみると、その根本理念である「協同組織金融機関」という概念は、まさに信用金庫が生まれたばかりの頃、あるいは若かりし頃は明確でした。相互扶助の相手も明確でした。ところが、信用金庫が成長していくにつれて、規模的に小さいながらも経営手法がだんだんと銀行に似てきたのです。つまり、信用金庫と銀行の境目というものがどんどん狭まり、協同組織金融機関の特性の発揮というのがむずかしくなってきて、もはやハタ目には信用金庫と銀行が同じようにみえてきたのです。実際は違うのですが、外部からは同じものにみえているのかもしれませんね。

――そういうなかで帯広信用金庫の存在理由をどう実現していくかが問われている。

増田　当初は、商工業者のなかで自然発生的に市街地信用組合という形で発足しましたが、その頃はいわば仲間金融のようなものでした。ところが、だんだん広く資金を募るようになってお取引先もどんどん増えてくるようになると、当金庫の規模も大きくなってきて地域全体がお客様という状態になり、相互扶助の相手がみえづらくなってきたのです。

そこを整理するために、まず「協同組織信用金庫のオーナーとはだれか」ということを考えます。法律論からいくと、それは「会員」ということになるのかなと思うんですが、では、五千円札一枚と印鑑もってきた方は明日にでもすぐ会員になれるわけであり、その方が急に信用金庫のオーナーになるんですかというと、どうもそれは違うのではないかと。

もちろん、経営を預かるわれわれのものでもなければ、職員のものでもない。つまり、これらを全部包含した地域社会そのものが信用金庫の、少なくとも帯広信用金庫のオーナーであるというふうに考えています。したがって、相互扶助の相手は十勝そのものなのです。だから、地域のために仕事をするのがわれわれの使命であり務めなのだと、職員にも常々言い聞かせています。

そうくっていかないと、結局、われわれ自身が自己矛盾に陥っていきそうな、まさに銀行との違いや信用金庫の特性を出しにくくなっている状況になってしまいます。そういう意味では、まだ当金庫はそういった特性を出しやすいのですが、都市型の信用金庫はそうした理念もなかなかむずかしくかなり大変だろうなという気がしていますね。

――農業を軸とした産業クラスターの形成、そのカナメになることが帯広信用金庫の方向性なのですか。

増田　そうです。コーディネーター役、つまり橋渡しとか調整を担っていくのが帯広信用金庫の役割なのです。特に金融というのは直接的に付加価値を生産しているわけではありませんから、金利もフィーもいわゆる実業界が行っている付加価値生産のコストにすぎません。だから逆にいうと、そうした分野に積極的に取り組んでいくのが信用金庫の主たる任務だということを職員の教育のなかで重視しています。

そのコーディネーター役であったり、コンサルティング機能あるいはアシスタント機能を現実的に進めていくための部署として、一つには二〇〇九年に「地域経済振興部」を立ち上げました。スタッフ三名からスタートして、いまは七名まで増強しています。さらに、さかのぼって〇二年から組織化している「企業支援担当」をまさにリレバンのリード役とし、加えてお客様相談室である「ふれあい相談室」を強化した。この三本柱で本業以外での機能発揮の分野を推進していこうと頑張っています。

農商工連携で「酒文化再現プロジェクト」

――農商工連携の最近の成果は何か……。

増田　帯広信用金庫は創業以来一貫して十勝という限定された地域との運命共同体です。私が常に意識し、職員にも意識してもらおうとしている基本の考え方は、帯広信用金庫は「十勝の公共財」だということです。したがって、まさに地域と命運を一つにする存在であるということを、いかに職員に徹底させるかがきわめて大事だと考えています。

そういうなかで、地域が今後進んでいかなければならない方向性は、まさに一次産業をどう高付加価値化していくか。つまり地域の六次産業化が最大の課題です。そのためには農商工の、この地域の産業界がいかに同じベクトルで進んでいけるのか、そこにかかっていると思っています。

ところが、これは一口にいうほど簡単なことではなくて、十勝の場合は農商工の連携が一見進みやすいように見える地域ですが農業が突出して生産額が大きい。農商工のバランスがとれていない。これを一度にすべての分野で高付加価値化することはほとんど不可能なのです。

そういう状況を考えて、農業と商工業の両方に対して、ある程度ニュートラルな立場にあるのが帯広信用金庫なのです。われわれはかつて、農協金融の現金まわりの取引をずっとサポートしてきました。なおかつ職員のなかには農家の跡を継げない次男や三男が数多く職員として入ってきていまして、農協との連携では非常に近い関係にいます。ですから、当金庫は農商工連携のコーディネート役を果たす最も適した主体であると考えています。

そういうことから農商工連携が大事だということを常々いっているのですが、口でいうよりは現実的に何かをやらなければならないということで考えたのが「酒文化再現プロジェクト」です。もちろん地酒を造ったからといって、急に地域が豊かになるわけではなく、ただ、お酒というものを題材にすれば農商工業界がまとまりやすいだろうと考えたのです。はたして、農商工が連携して、この酒文化再現プロジェクトに取り組むことによって、三十数年途絶えてしまっていた地酒が再現されたのです。「十勝晴れ」とネーミングしました。つまり、こういうプロジェクトをやっていけば、十勝のなかではまだまだ付加価値化ができるものがたくさんありますよ、と。そういうシンボル的な取組みがこの酒文化再現プロジェクトだったのです。

私自身は全然アルコールが飲めません。だから、私がこのプロジェクトを提唱したときはみんなが笑いました。冗談だろうと。「いや違うんだ、私は本気で酒を造りたいんだ」と。この酒文化再現プロジェクトが農商工連携を進めていくための一つのシンボルになっていくという願いを込めて立ち上げたものです。事実、最近地域のあちこちで連携が萌芽し始めています。結局、信用金庫というのは地域のなかでそういう存在でなければならないなと思っています。

見渡してみると、十勝で人材がいちばん豊富にいるのは官を別にすれば私ども金融機関です。なかでも、特に多くの人材を抱え地域主体でもある当金庫が、自分たちのふるさとのために何がやれるかといえば、コーディネート役ということに尽きるのだろうと思います。まさにいま、金融行政もそこを求めてきていますよね。ですから、

酒文化再現プロジェクトで、率先して苗を植える増田理事長

少なくともわれわれが進めてきたことは間違っていなかったという気がしているのです。それがやはりいちばん大きなポイントだろうと思っています。

――そういったコーディネイトやコンサルティングに取り組むために、外部からの人材登用もされたとか。

増田　ずいぶんたくさん採用しました。日本銀行等からも来ていただきました。「地域経済振興部」のような任務を担っていただくとなると、日銀出身者はやはり一日の長があるかなと。私の目で、ずっとピンポイントで見ていて「ほしいな」と思った方を二年ぐらいかけて説得しました。こういう方がいま当金

三十数年ぶりに再現した酒造り。「十勝晴れ」
が理事長室に誇らし気に飾ってある

庫には二名います。二人とも、行間を読む力とかわれわれにないものをしっかりとおもちです。外部にも強いですし、自身の働きに加えてプロパー職員にもよい刺激を与えてくれています。そういう意味で外部の血は積極的に入れるべきかなと思っています。

ですから、当金庫では警察、損保会社、証券業界などからも人材を登用しています。さらに地元の帯広畜産大学の、特任教授などで定年になった方を二～三名迎え入れて、地域のために活動していただく。そうしたことによってもっと当金庫の機能を強化していきたいと思っています。

――「三本の柱」の機能の一つとして、創業支援や事業承継もあるのでは。

増田　それほど自慢できるような施策はあまりありませんが、「創業者支援制度」はその一つです。当金庫の支援制度は、当初の計画の段階からわれわれが積極的に参画をして、適正規模などのアドバイスをしながら創業支援の融資を行うと同時に、事業が順調に進むよう、開業後三年間は常に一緒になって事業の進捗を見守っていくという制度です。

昨年の実績は五八件ほどでしたが、企業の生存率はきわめて高いものとなっています。その理由は、開業後三年間は常に目を放さないで、行き詰まった場合の原因分析とか、方向転換だとか、場合によってはガラッと業種転換をさせたりとか、そういうフォローを丁寧にやっているからです。「ふれあい相談室」がそれを担っており、そうした機能をカバーしながら営業店と連携してやっています。

創業支援とは別にものづくりへの支援があります。何といっても地域の課題はものづくりにありますから、東武デパートのカリスマバイヤーで、マスコミにも頻繁に登場する内田勝規氏とアドバイザリー契約を結んで、月二回の無料相談会で販路開拓や、ものづくりのご指導をいただいています。ものづくりのコンセプトだとか、売れるための工夫だとか、そして、ある程度のものができればデパートを紹介していただいたり、具体的な販路開拓のお手伝いもあわせてやっていただいています。

――後継者が都会へ行ってしまい、事業を引き継げないというケースも多いと思いますがどういう対応を。

増田　当金庫には「ふれあい相談室」などに中小企業診断士が一三名いますが、彼らが中心になって代替りの問題を担っています。手に余るものは専門家を紹介したり、それから中小企業基盤整備機構の協力をいただいたりということで対応しています。年四～五回はそうしたセミナーや個別相談会も開催しています。そういうふだんのサービス提供のなかで職員も少しずつレベルアップしてきましたから、代替り問題への対処も十分にやっていけると考えています。

これからも、専門的な知識をもっている方で地域にとってもプラスで、うちにとっても機能強化につながるような外部人材は積極的に受け入れようと思います。内部の職員に対する刺激にもなりますし、要するに信用金庫としての機能が強化されればいいわけですし、できあがった人材であればむしろ積極的に取り込むべきだと思います。地域金融機関であるがゆえに、なおさらそういう視点は大事だと思います。

三島信金と地域ぐるみの産業連携へ

――他地域の信金とはもとより地銀などとの連携も積極的なようですが。

増田　十勝のためになるのであれば、当金庫はだれとでも連携するということです。北洋銀行や、鹿児島銀行を中心とする鹿児島県の金融セクターの皆さんとも連携して、東京・池袋のサンシャインビルで北と南の逸品を集めたバザールにも参加いたしました。静岡県の三島信用金庫とも連携していますし、道東六金庫共催のビジネスマッチングもやっています。たとえば北洋銀行とは日頃から火花を散らす間柄ではありますが、地域のためになるのであればどんな連携でもやろうというのがわれわれの基本的な考え方です。こういった連携は今後も積極的にやっていきたいと考えていま

多くの信金・地銀と連携して道内、東京などでビジネスマッチングを開催する

す。

――三島信用金庫との連携は信用金庫同士の枠を超えて地域ぐるみのものとか。

増田　三島信用金庫とは最初は業務連携から始まって、二〇一一年一月に三島さんが一〇〇周年を迎えたことを契機に業務提携へと発展し、人的な交流も進めてきました。同時に、地域間の産業連携、そして双方の信用金庫としての機能を高めるという二つの目的を掲げることになりました。

地域間の産業連携についてはすごいテンポで進んでいます。すでにコラボレーション商品もいくつか生まれています。そういう意味では、三島信金の稲田理事長のリードのおかげで、きわめて短期間に成果をあげています。

お取引先をお互いに紹介し合う動きも活発です。当金庫のお取引先を三島さんの地元である伊豆にお連れしたり、逆に昨年一月には三島さんのお取引先が帯広の厳冬体感ツアーに三十数名で参加され、同じ年の九月には二班に分けて一二〇名ほどが当地に来られました。

このような産業連携や人の交流が進められて、静岡県と十勝地方の連携が非常に強化されました。実は後になって静岡県が、北海道の札幌市と地域連携をやろうということで北海道庁に行ったところ、すでに帯広信用金庫と三島信用金庫が連携しているからということで紹介されて、静岡県の関係者が当方におみえになりました。それが契機となり「抹茶オーレ」というコラボ商品ができたんです。十勝のビートの砂糖を精製した後に残る廃液のなかに含まれているベタインという甘味料と静岡の抹茶をミックスした商品です。これがなかなかおいしいんですよ。

というように、われわれが当初想定していたとおりの動きになってきており、まさに信用金庫の〝つなぐ力〟という理念を実践しています。地方銀行同士では地域間の連携は範囲が広くてなかなかむずかしいようですが、信金はエリアが特定されていますから的が絞りやすいので連携しやすいのです。これは信用金庫がもっている特性の一つだと思います。こういったことを全国の信金が数多くやるようになると、われわれの業界の強さというものがもっと発揮できるはずです。

――点と点がメッシュのようになっていきますからね。

増田 そうです。まさに網の目のようになっていきますので、これは本当に強い組織体になってくると思いますね。ですから、同じような志をおもちの信金があれば、今後も積極的に連携していこうと考えています。

円滑化法は貸し手側にモラルハザード

――こちらでは「円滑化法」後の状況は。

増田 そもそも、こうした事態というのは「円滑化法」が始まったときから想定していました。ですので、法が施行したときから意識的に債務者区分は落として、要はそれを理由に融資態度さえ変えなければいいわけですから、監査法人に相談しルール改正までして引当金を積めるものはどんどん積み増しをしてきました。実績率というか、倒産はそんなになかったですが。

ただ、世間では円滑化法の終了後のことを「出口」といっていましたが、私は非常に違和感を感じています。われわれ金融機関側は、なぜ「入口」ができて「出口」があるのかは経緯を知っているからわかるのですが、お取引先は「出口」という言葉をどうみるのでしょうか。融資や支援をすべて切られるのかなと思ったお取引先は当然います。非常に不適切な表現だと思いました。

――その反面、取引先側にモラルハザードが生じたということは感じますか。

増田　多くの中小企業、少なくとも当金庫の取引先の中小企業の皆さんは善良な人たちばかりで、必死ですよ。モラルハザードなんてないです。仮にあったとしても本当に例外的じゃないですか。

むしろ貸し手のほうが問題だと思いますよ。要は、保証協会の保証付きがどんどん使えるようになって、結局、本来であればやってはいけないようなことまでやってしまう。融資が伸びなくて困っていることもあって、事業の規模に適量というものがあるはずなのに、協会のＯＫさえとれれば、強引に押し込んでしまうなど貸し手のほうがはるかにモラルハザードが起きていたんじゃないかと思いますよ。

円滑化法があろうとなかろうと、信用金庫は地域から逃れることができないので、「引けない」という本質がある。しばしば助けるために全部のリスクをとらなきゃならないというケースが出てきます。過去にもそうしたことは多々起こっています。

逃げないから当金庫にはいまのシェアがあるんです。それを地域の人はわかっている。過去にたくさんの高いコストを払っていまのシェアを勝ち取ってきた。そうでなければ、当金庫はもっと内部留保があったはずです。

――「円滑化法」以来、中小企業・零細事業金融の世界では経営支援、事業再生がメインストリームになっていますが、帯広地域の実情と金庫の具体的施策はどうですか。

増田　事業再生は、本来、信用金庫の日常業務といっていい仕事であり、昨今の環境においては、いわばメインの仕事になっていますから特別なことではないのです。私自身の仕事を振り返ってもお取引先の事業再生の歴史ですから。

たとえば、当金庫の格付では、いまは「A2ランク」の企業なんですが、この会社はかつて私が本店長の頃は破綻懸念先でした。当金庫の顧問弁護士までが「こんな会社に手をかけるんじゃない」といってきたぐらいの企業だったのですが、いまは健全化して融資も完済されて、逆に新たなお取引をこちらからお願いしているぐらいで、こうした企業は数えればたくさんあります。

とにかく中小企業金融をやっていれば事業再生はごく当たり前で、それが重荷になることはない。当然の仕事と理解するべきでしょう。まさにお客様と一緒に苦しんだり喜んだりが信用金庫の原点であり、信金マンのあるべき姿だと思います。

顧客目線、エコ目線の新店舗で意識改革

――「十勝の公共財」としての現場である支店の体制とか職員の意識をどう改革している

のですか。

増田　これまでの信用金庫の店舗というのは、どうみても「事務所」なんです。「支店」、「営業店舗」といいながら、職員が仕事をしやすい動線で店づくりをやっていたんです。どうみても金融店舗じゃなくて「事務所」なんです。お客様に対しての目線が不足していました。

支店は金融の店舗であり、金融商品や金融サービスを売る場所なんだということを職員に自覚させるためには、店の有りようから変えなければだめだと思っています。実際、ここ数年に開設した店はすべて顧客目線でつくられています。お客様から何かいわれたわけではないのですが、お客様の居心地のよい空間ということを意識した店舗になっています。まさに店舗があって、商品を売るところだからこそ派生的に事務が生まれてくるのであって、事務所機能は従的な役割なのだという姿に着せ替えています。

ですから、お客様に当金庫の店舗はガラッと変わったねといっていただけるようになりましたけれども、これは職員の意識改革なんです。事務室的な店舗のなかでは、ともすれば「公務員よりお堅いですよね」という面がありました。この意識を変えさせるためには店そのものを、環境を変えなきゃだめということで、店づくりは顧客目線と、今日的な目線でのエコ、環境負荷のかからない店舗となっています。

当金庫の中央支店は預金が六〇〇億円ありますし、融資ももう少しで三〇〇億円になる大型の店です。店舗自体も三階建てでかなり大きいのですが、化石燃料は一滴も使っていません。全部、地中熱ヒートポンプ方式で冷暖房をまかなっています。二〇一一年にオープンした店はさらに太陽光と氷蓄熱を取り入れたシステムです。駐車場の地下に一八メートルのプールで冬期間に一メートル六〇センチぐらいの氷の層をつくって、九月上旬ぐらいまではこれを溶かして冷房に使用し溶けた水は最後に屋上に上げて散水して、気化熱で建物全体を冷やすという仕組みです。

ちなみに、このシステムは北海道工業大学との業務連携による寒冷地の大規模店舗における氷蓄熱活用の実証施設となっているものです。そんなことも含めて、店づくりは最近旧来とは大きく変貌しています。

これからの店舗は、設備投資が比較的少なくてすむ軽装備でかつ開放的な店舗を意

省エネ型店舗の柏林台支店

識したいと考えています。その点遠賀信用金庫さんの店舗は大変参考になります。

――失礼ながら、牧歌的な田園地帯でお客さんのなかには長靴を履いてくる方もいるだろうという（笑）イメージの地域でもそういう新しい店の形が大切だということですか。

増田　大切です。これはお客様に対するわれわれのメッセージですから。「お客様、あなたが主役なんですよ」ということを口でいってもだめなんです。形で表す。職員にもそうしたことを意識してもらう。そのためには、お役所のような店舗ではいくらいってもだめなんです。意識改革するためにはお客様が主役の店舗づくりが必要です。

私は遠賀信用金庫の古賀支店を拝見させていた

だいたことがあるんですが、そういう意味ですばらしい店舗でした。併設してあるギャラリーを利用しているご年配のおばあちゃんをみると、まさにお客様目線の、お客様のためのギャラリーになっているんです。ギャラリーとしては当金庫の支店のほうがたぶん立派だと思うのですが、地域のセミプロやプロが個展をやるためにしか使われていないんです。当初の目的はそうじゃなかったのですが。しかし古賀支店は、よくぞここまで開放できたもんだなというぐらいです。当金庫も、この次の店舗はもうワンステップ上がってあの店を目指したいなと思っています。

――かつて信用金庫の特性の一つとして集金業務がありました。最近はどこでも縮小したり廃止しているようですがこちらではいまどうなっているのですか。

増田　〝近くて便利〟という「利便性の提供」と「コスト削減」という二律背反の問題なんですね。コストでいくと集金というサービスはまったく割があわないです。さらに預金を集めても、運用がままならない。いまの金庫の経営課題は融資をいかに増強するかにあるのです。

したがって、もっと貸出とか相談業務に経営資源を割いていかなければなりません。一方では効率化も進めていかなければならない。この両立のなかで、うちの子会社に可能な限り定型業務をシフトして、ローコストで集金サービスを提供していけるかというところがポイントかなと思います。

大口先は手数料をもらって集金しています。ぎりぎりのフィーをもらって、どうしてもというところは対応しています。後退的ではありますが、集金サービスを完全にはなくしていません。正直、いまの若い人はコミュニケーション能力が非常に劣っていて、いきなり外に出して融資の成績をあげられるかというと、そうはいかない。まず会話ができるようにしなければならない。そのために、若手に一定期間、集金業務を担当させています。

私の入庫当時から見ると、集金業務は二割ぐらいの仕事量にまで落ちたと思います。集金サービスがなくなったことで、お客様が信用金庫に距離感を感じているかなという声は少しもれ聞こえてきます。ただ、お家の事情として、集金に給料の高いプロパーの職員を割けるほど金庫の収益環境がよくないことだけは間違いありません。

ですから、ここのところはいかにローコストでこのサービスをどの程度維持できるかというところがポイントです。今後リタイア層がたくさん出てきますので、継続雇用のベテランやパートで対応できないかなど、いま検討している最中です。集金は地域のためには残したいのですが、現実それがやれるかというとそう簡単にはいかないかもしれません。

——人材の育成など人事政策面で何か特に留意している点は。

増田　人事上のいちばんの課題は「女性の戦力化」です。女性自身の意識、また組織全体としての意識も含めて、やや低かったという反省があります。

そこで先般、女性の戦力化に非常に熱心に取り組んでいる三島信用金庫でポジティブアクションの先頭を切っていらっしゃる元厚生労働省の坂本由紀子理事を招いて役員と主だった女性職員たちに、女性の戦力化について、基本的な考え方や同信金の取組状況などをレクチャーしてもらいました。

資格の取得については職能資格制度の昇格要件のなかに一定のポイントが入っていますから、職員は検定試験や資格を結構とっています。FPをはじめ、農業経営アドバイザー、中小企業診断士など、信用金庫としては多いほうではないか。ただ、これらを実務にどう使うかという問題があります。上手に使いこなさなければ意味はない。資格は、アクセサリーではなくお取引先の皆様によい金融サービスを提供するために必要な装備であり、実務に活用しなければ無意味であると意識づけが大切で、現にある程度の成果はあげているといえるでしょう。

採用に関しては、最近の学生はホームページを見たり、新聞などで当金庫がどんなことに取り組んでいるのかということはよく調べてきていて、応募されてくる方たちのレベルは以前より二ランクぐらい上がったかなと思います。現在は将来に向けたよい人材をとりやすい環境にありますから、人件費の負担は少し上がりますが、少し多めに採用するようにしています。

――大卒者の採用面で最近の傾向については何か。

増田　やはり地元になんらかの縁のある学生が多く応募されています。親御さんのご意向もあってでしょう。ところが最近は、縁もゆかりもない地域の学生たちもずいぶんと応募が増えました。ただ、そういう学生たちの内定辞退者は結構出る。「本当に、うちへ来てくれるのかな」と思ったら、案の定辞退、というのはあります（笑）。

――逆に、地元の人間をもっととってくれなければ困るというような要望は。

増田　女性はそうなんですよ。地元の高校や短大の子女から見ると地域にそう多く就労の場がありませんから。そういう意味では、当金庫は女性に適した職場ということもあって要望は強いです。

――人縁の濃い地方の信金では総代会の運営も気を遣うと思いますが。

増田　相当以前のことですが、当金庫の総代会にもいろいろな問題がありまして、全国に先駆けてきちんとしたルールをつくりました。総代の重任制限と七五歳定年制です。七〇歳はちょっと若すぎます。定年でお退きいただく方には寂しい思いをさせるんですよね。私たちも辞めてもらいたくないですよ。だから七五歳までとして、場合によっては健康であれば八〇歳でもいいと思うんです。ただ、惰性で長く慣習にならないようにするためのルールで重任制限は設けているんです。ただし一度辞めてからまた復帰するのは可能というやり方をしています。これも狭い地域のなかであまり厳密にガチガチにやってしまうと、最後にはなり手がなくなるということが起こっちゃうので（笑）。

経済合理性だけの合併は信用金庫の本来の姿から乖離する

――ところで増田理事長は北海道地区の共同システムセンター理事長をしておられますが、各地区センターの全国統合化へ向けての対応はどうですか。

増田　システムについてはハードの集約も終わって、しんきん共同システム運営機構のロードマップに沿って、二〇一三年四月に新しい組織を立ち上げて、一四年四月一日付で全国のセンターを統一することへ向けて進んでいます。

――信用金庫業界全体としてコンセンサスができているわけですね。

増田　たぶん、そうした流れで行くのかなと。ただ、地域ごとの事情によっては、地区センターが全国統合することでそれぞれの加盟金庫にどういう影響が出るのか、ということがこれから最も肝要なところです。

システムそのものは一つに統合されて、これまで地区センターが果たしてきた独自の業務の範囲がなくなってしまって、個別の金庫が独自にその部分の要員をもたなければならないという事態が起こらなければいいなと思っています。いまは個別の金庫が独自で対応できるという状況ではありませんから。

——全国統合の最大のメリットはシステムコストの効率化にあるのでは。

増田　システムコストはたぶん下がるでしょうね。これまで各地区センターで共同で使っていたシステムの償還などで残債があったり、ある程度の初期投資が必要になる場合は、一時的にはコストが二重になるということもありますが、長い目で見ると明らかにシステムコストは下がるでしょう。でなければ、意味がないですから。

問題は、コスト面だけではなくて、システムというのは使い勝手が重要です。しかし、当金庫も含めて小さな信金は独自にシステム部門のスタッフを手厚くもつことはできませんから、これまでそれぞれの地区の共同センターに依存していたサポート機能の部分が新たな組織にそっくり引き継がれていくのだろうかというところが、たぶん加盟金庫の多くが注視しているところでしょう。ポイントはそこだと思います。

——全国統合によって、これまでできなかった業界全体としての新しい商品とか、サービ

スの開発は期待できるのですか。

増田　それはいまでも十分できているはずですから、あらためてそれによってということはないんではないでしょうか。ただ、それらサービスの開発コストは多少なりとも下がるはずです。自営金庫でも共同センターに加盟してくるところがふえてきているようですから、全体のコストである共通経費や分担金は下がってくるというメリットはおおいに期待できると思います。

――近年は、全国的に信金界の合併・再編が顕著ですが北海道内の現状についてはどう見ていますか。

増田　私が本店長をやっていた二〇〇二年当時は、帯広市内には網走信金、釧路信金、北見信金の三金庫と十勝信用組合、北海道信用保証協会、それに当金庫を加えた六機関で「帯広信用協会」という会をつくっていました。帯広信用金庫の本店長が歴代の会長を務めていたんですが、私が会長の時に大口の案件があって「協調融資をやろう」と提案した。他の支店長たちは、単なる社交辞令と思ったそうですけれども、実は私、本気だったんです。

五〇％は当金庫がやるから、他の四者で一二・五％ずつのシェアでどうかと。その案件はやろうと思えば単独融資も可能だったのですが、信用金庫も大口集中の規制をしていましたから、当金庫もできれば一〇億円は超えたくなかったので呼びかけたところ、皆さんが乗ってきて協調融資が実現しました。

その後も、私が本店長の時に、シンジケートローンではなくて、当金庫が担保設定などすべてを代表して協調融資案件を二件ほどこなしました。

結局、他の銀行に対抗していくには、何でも自分の金庫だけでとってしまえばいいというものではなくて、やはり信用金庫業界の結束が必要だということです。日頃のとったりとられたりは脇に置いておいて、金利競争をやっている間柄だけれども同じ「帯広信用協会」の看板を背負った仲間ならば連携強化が必要ということでやってきた具体例です。道東地区の共同ビジネスマッチングも、「理事長がやるというなら乗るよ」ということで、皆さんがすぐに手をあげてくれました。

将来的なことを考えれば、信用金庫も立ち行かなくなれば、やはりスケールメリットを追求していかざるをえない時代が来るだろうと思っています。ただ現実の問題として、地域の皆様がそのことをどう評価するかなんです。特に当金庫は「十勝限定ビジネスモデル」であることで地域と深いかかわりをもっていますから、他の金庫と軽々しく合併したりはできません。いまのところうちに具体的なM＆A構想のようなものはありません。

でも、生き残るための合併は、やむをえず、せざるをえない時期が来るかもしれません。逆にそうしたギリギリの状況がくれば、地域も納得してくれるのかもしれませんね。ただし、そうした時期を間違えると失うものも大きいです。まさに目に見えない、経済合理性ではない、地域の住民感情やお取引先の感情というものを無視して、金融機関同士の都合で合併すると決してよいことはないだろうなと思います。

信用金庫は大きくなればよいというものではありません。信用金庫としての特性をどんどん失ってしまいます。大きくしていくということは成長といえばいえるけれども、本当にそれが成長なのかというとどうも信用金庫の本来の姿、あるべき姿から離れていく行為のように思えるんです。コミュニティバンクからリージョナルバンクへの移行というか、商業銀行化していくというのか、信用金庫の生き残りを考えるうえでむしろ逆方向かなと思います。

与えられた地域を深掘りし、小さくてもしっかりと深く根を張り、地域にとって絶対になくてはならない信用金庫こそが最後まで生き残ると考えています。帯広信用金庫が札幌圏や近隣地域へ営業区域の拡張をしないのは、そうした考え方が根本にあるからなのです。

「野面積み」の知恵、小口事業性取引に徹し、地域のストーリーづくり

のと共栄信用金庫　理事長　大林　重治

のと共栄信用金庫の経営指標

項　　目	2012年度	11年度	増減（%）
預　　金（億円）	2,802	2,755	1.72
貸　出　金（億円）	1,639	1,617	1.33
預　貸　率（%）	58.47	58.69	△0.22
当期純利益（百万円）	473	429	10.36
コア業務純益（百万円）	838	922	△9.19
預貸金利ざや（%）	1.00	1.02	△0.02
総資金利ざや（%）	0.21	0.25	△0.04
ROA（コア業純）（%）	0.27	0.30	△0.03
不良債権比率（%）	4.58	4.73	△0.15
自己資金比率（%）	14.45	14.21	0.24

（注）　本店所在地：石川県七尾市。営業区域：主に石川県北部・能登半島、金沢市、氷見市等。店舗数：28。役職員数：約250人。

大林　重治（おおばやし　しげはる）

1942年生（石川県出身）。県立七尾高校卒、能登信用金庫入庫。経営企画部長、人事部長等を経て94年理事、96年常務理事、99年理事長。"外柔内剛型"の苦労人。真摯に地域と取引先事業者に目配りをし、独創的なアイデアで商品企画を開発する。2012年６月北陸地区信用金庫協会会長、全国信用金庫協会副会長。

小口分散で事業性取引四五〇〇先へ

――まず、のと共栄信用金庫の現況や業績の推移などから。

大林　二〇一二年度は預金、貸出金ともにやや低めの数値目標で取り組んでいこうという当初の方針もありまして、だいたい計画に近い結果を得たと思っています。ただし、運用全体の貸出金利息の収入そのものが、去年から見るとかなり落ち込んでいる状況にあります。

事業性の貸出についても、やはりむずかしい面があります。特に〝北北戦争〟といわれる、地方銀行同士の激しいつばぜり合いが地元では起きていまして、金利競争が日増しに激化しています。当然ながら、それは当金庫の経営に影響があることはいうまでもありません。

したがって、前年度は若干上回った最終利益になっているものの、いまの市場金利は異常だと思いますし、これが反転した場合のリスクもあるわけです。これはお取引

七尾市中心部にあるのと共栄信用金庫本店

先のリスクでもあれば、当金庫の金利リスクはあるわけで、この先は非常に厳しめに見ていく必要があります。

お盆過ぎに役員は残暑見舞いということで、総動員で顧客回りをするなど、職員の気持ちやモチベーションをもう一度奮い立たせるために、自らが動こうと思っています。

当金庫の預貸率は五七％程度で、かつて八〇％はあった時代に比べると非常に厳しい状況にあります。貸出金の実収利息がとりにくい。しかも、有価証券運用も厳しくなってきて、一〇年物国債が〇・七％台といった水準はどう見ても異常という感じがします。このままずっといくとは考えられないですね。

日銀あるいは政府は、景気は回復基調とアナウンスしていますが、実際に足もとの経済が回復するかどうか、特に私どものような田舎ではそんな感じがいたします。ですから、この先についてはやはり厳しく見ていく必要があると思います。

――貸出件数は伸びているようですが。

大林　ところがそれも、他行も目指すところはみんな同じですからね。いま頭打ちの状態です。もちろん、それでも小口分散で貸出先を伸ばすというのは当金庫の至上命題ですから、前年よりもプラスはキープしています。ただ、その伸びが前年から見ると多少鈍化しているということです。

当金庫が小口分散に注力し始めたのは一九九七年からで、それまでは事業性取引先数が毎年減少していた。このままいったら、信用金庫の特色である中小企業や零細企業とのお付き合いから遊離していくんじゃないかという感じがしたんです。そこで、小口分散に力を入れて、前年で八％台、前々年が九％台と伸びていったんですが、ここへきて三～四％ぐらいの伸びに鈍化している。

――実績としては四〇〇〇先ですか。

大林　若干上回っておりますが二年後が創立一〇〇周年なので、その時までにはもう少し上積みして四五〇〇ぐらいの先数にしたいなと思っています。

私が理事長を拝命したのは一九九九年でしたが当時から、「小さくて何が悪いのか。小さくても夢がたくさんあるだろう」という思いがありました。というのは、九七、八年の金融危機でメガバンクが誕生したりして「大きいことはいいことだ」みたいな風潮がありましたから。だけど私は、大きいことはいいことなんだろうが、小さくても悪いことはないいんじゃないか。小回りが利くとか、細かなところにも目が届くという面があるはずだと。ならば地域のためにもっと深掘りするような努力を重ねていこうと。

都会の信用金庫が取り組むような、あるいは何兆円もの預金量がある大型の信用金庫がやるようなことは、できるものでもないし、望むものでもない。それよりも、もっともっと地に足が着いた施策ができないかということで、要するに取引先の軒数を競い合うという地道な努力に力を入れています。

たとえば融資でも、融資額はそんなに伸びていないんですが、取引先数だけは順調に増えています。非常に手間暇がかかりますが、融資の取引先数を増やす努力をしているんです。個人のお客様を増やすことも大事ですがこの事業性の先数を増やすということは、職員を鍛えるのに非常に適していると思います。決算書や資産表を読み込む力というのが、そこには求められるからです。当面はここを強化していきます。

私がその意を強くしたことの一つは、二〇〇二年に日本でいちばん小さい信用組合「輪島信用組合」の破綻による事業譲受けをしたことであります。正直、いかがなものかという思いもなかったわけではないんですが、「市街地信用組合」のありようというのは信用金庫の原点でもあるわけですから、それを学ぶことができるかもしれないと思ってお引き受けさせてもらいました。

「規模が小さくて何が悪い」という思いがあったことは先ほどお話ししましたが、実際に小さい信組がやっていることを見たとき、私たち信用金庫はまだまだ努力が足りないと感じました。信組はその小さな地域でしか生き残っていけないわけですから、その地域への思いがものすごく強いんです。それはすごく参考になりました。

――やはり小口の取引先数を増やし一定の金利収入を確保していくという事業戦略が王道だと。

大林　そうです。ボリュームというものに主眼を置きますと、ついつい大口に走りやすいんですが、そうすると金利の競合が出てきます。たとえば地方銀行とバッティングすると非常に安い金利の融資をするようになってしまう。実際にはそういうケースもなかにはあるんですが、われわれのように預金量が三〇〇〇億円に満たない小さな信用金庫には、その役割というのは決まっているはずなんです。

だから、あまり背伸びしすぎますとそのリスク、信用リスク、金利リスクもあるのだからそういったリスクが少ないところでやらせていただいているんです。

かといって、大きな収益があがるわけじゃないんです。ほんとに小さな収益なんです。しかしながら、先人から引き継いだこのことをしっかりと後継の世代にお願いしていく。それはきちんとやっていかなければいけないと思っています。小口分散は当金庫の使命ということを職員にずっといい続けていかなければならないことです。

暮らしのお手伝いに徹すること

——のと共栄信用金庫の営業基盤は、農・漁業、水産加工、地場の零細商工業という地方小都市型の地域特性のなかにあって、今後もダイナミックな変化や成長は期待できない状況にあると思います。そうしたことをふまえたうえで、今後の方向性なり展望をどう考えていますか。

大林　七尾市にある七尾城趾には加工しない石を大小とりまぜて石垣をつくった「野面積み」という石垣がいまも残っているんです。たとえば、大阪城は大きな石を加工して幾何学的な構造になっていますが、野面積みというのは非常に珍しい工法なんです。

私は信用金庫業界も、七尾城の野面積みのように過去の風雪に耐えながらここまできた。そういう状況にあるのではないかと思っているんです。小さいものであってもそれなりの役割を示しながら、あるいは大きな石も小さい石の支えもあってその存在

七尾城址に残る野面積みの石垣。大小の石が巧みに組まれている

を示すことができている。

したがって、規模の大小というのは、どこかの場面で必要になることもあるかもしれませんが、それほど重要な要件ではなくそれよりもその地域をどう発展させるか、豊かにするかが大事なことであり、私ども協同組織金融機関の場合は産業の発展とあわせてその地域を豊かにする、ここに住んでよかったなと住民に思わせる、そういう暮らしのお手伝いに徹することのほうが重要なんです。

そのためには経済的に発展して、人口もふえてという方向が期待できればいい。しかし、全国的に人口が減少しているなかで、私も地方にいながらそれをヒシヒシと感じるんですが、雇用の場がなかなか確保できない、あるいは新規の創業が少ないという大きな問題に直面しています。協同組織金融機関として、中小よりも零細な企業を育ててきたという歴史があったのですが、それもなかなかむずかしくなってきています。

一つの事例で申し上げると、七尾には昔から多くの問屋があったんです。能登の各地でいろいろな商いをしていたんです。「そうは問屋が卸さない」という言葉がありますが、当時は問屋の力が強かったわけです。問屋がそっぽを向いたら商売ができないという時代があった。ところが、いまは中間の問屋がなくて、産地から直接、スーパーや販売店へ商品が納入されてしまう時代です。だから問屋が必要とされなくなり、当地にもほとんどなくなってしまいました。

さりとて、新しい創業というものを金融機関が簡単に支援できるかというと、これまた、リスクも伴うし、第一、創業の意欲をもった人もだんだん少なくなっていています。たとえば商工会議所の会員そのものが減っているんです。原因の多くは廃業なんですね。じゃ廃業に至るまでにわれわれ金融機関あるいは商工会議所の指導員がどういうかかわりをしたかというと、ほとんど何もしていないんです。「廃業だから仕方がない」「会員が減るのは当然でしょう」というようなことで収まっているんですね。これはもう一度、考え直していかなければならない時期に来ているんだと思う。

創業支援ということでも、私は女性の感覚が非常に大事だと思っています。現に女性の起業家、そういうグループが七尾市でできあがっており、当金庫もそれを支援して参りたいと思っています。女性は堅実ですから、前年比で売上げを何パーセント伸ばすということよりも、とにかく少しずつでも着実に積み上げていくというような粘り強いものをもっています。そういう能力を活用して新しい業を興す、創業というものを目指していくべきだと思っています。

最近では、金額的には小さく細かい事業ではありますが、飲食物、要するに地産地消といわれる、ここでとれたものを加工して皆さんに召し上がっていただこうという業種が多いです。女性も参入しやすい業種です。将来的に裾野を広げていくという点では非常によい動きだと思っています。

ここで忘れてならないのは、信用金庫の役割といいますか、ミッションというものは必ずあるということです。時として信金の役割を越える大きな成長を目指す企業者の支援をする際は、信用金庫はそのリスクを負うだけの覚悟をしなければならないと思っています。少なくとも私は、その地域の人たちの味方になる、それは商売が発展するということなのかもしれませんが、そこに住んでよかったと思われるような、そういうお手伝いをしていくべきだと固く信じています。

――こちらの地域にはかつて地場産業として繊維があったと思うのですが、それはいま、どんな状況でしょうか。

大林　たしかに、過去には繊維が盛んでした。「八台機屋」という小規模な業者が多かったのです。一時は大変な盛況で、夜を徹して仕事をしていました。そんな良い時期があったんです。ところが、徐々に新興国等の影響もあり様変わりの状況になってしまったんです。

「輪島塗」にしても、バブルの時はつくっているそばから買い値がついてすぐに右から左へと売れていったんです。東京のデパートなど出せば即座に完売です。五〇万円や一〇〇万円の座卓でさえ、飛ぶように売れた時代だったんです。その間どういうことが起きたかというと、そういう商売に重きを置いたがゆえに、下職よりも売ることに力を入れてしまったといわれる方もいる。つまり、職人の仕事をおろそかにしてまで商売に走ってしまったわけです。そうしているうちにバブルも弾け高級品が売れなくなり、いまでも市場は落ち込んだままの状態が続いております。

しかし、能登の場合は農・水産が将来にわたって見込みがあると思っています。このあたりではいまでは一次と二次と三次を足して「六次産業化」しようという努力をしています。つまり、単に米をつくって売るんじゃなくて、それを加工して売ろうということです。ですから地場産業においては、より時代に適合したシステムづくりに官民あげて努力をしていかなければいけないと思います。

——能登半島は全国的にも有名な観光地ですが、当地の観光産業はどうですか。

大林　観光業に携わっている方々に申し上げているんですが、あれが悪い、これが悪いといっても仕方がないので、生き残っていくためにはどうすればいいのかということを一緒に考えましょうと。

たとえば、当金庫の案件に実質破綻の小型旅館が二件ありまして、すでに貸倒引当は全部終わっていますが、経営が破綻してしまうと明日からシャッターが下りてしまいますので持株会社の下に置いて再生を模索しているところです。

一つの旅館は、猫や犬などのペットと一緒に泊まることもできるようにしている。もう一つの旅館は公式三面のサッカー場を完備し若い人たちの合宿などで使えるように変えていこうと考えています。したがって、結果的には債務免除の格好ですがもう一回やり直そうというときには支援しようということで持株会社にしているわけです。

また、二〇一四年度末には北陸新幹線が開通します。金沢はもちろん停まりますが、能登は高岡や富山のほうが近い。能越自動車道も一四年度には開通しますのでそこから直接入ってきますと能登が非常に近くなります。そういう交通インフラも整備されれば、中部圏と完全につながって、東海北陸自動車道、そして能越自動車道で、能登まで来ることができる。それに、能登では観光の大きな要素でもある食の安全は十分に確保できています。そうしたことから、観光客数が伸び悩んでいたここ数年でしたが、政権交代後のわが国の成長に向けての足どりと相まって期待できるものと思っています。

スピード、スペシャリティ、スモールでゴー

――大林理事長の掲げる行動指針はどのようなものですか。

大林　一七年前になりますが、創立八〇周年の時、「あ！　のとしん」というキャッチフレーズを打ち出しました。要するに「あ、のとしんは……」というふうに、人が関心をもってくれるようなものをつくれないかと。どこでもやれそうなことを、ほんの少しだけほかより前にできないかということです。看板にも「ちょっと前に」と。昔「一歩前に」をある運送会社がキャッチフレーズにしていましたが、あれは「一歩」ですけど、当金庫の場合は「ちょっとだけ、一センチでも二センチでも」というニュアンスです（笑）。

私は理事長に就任した時、「スピード」「スペシャリティ」「スモール」の三つのS

で「3S」ということを行動指針に掲げました。「スモール」は小さくてもいいじゃないか、みんながみんな大きなものを望むのはいかがなものかという思いからです。「スペシャリティ」は人材。「スピード」については、やるならば速くやる、ほかがやらない前にやろうということですが、この思いはいまもまったく変わっていません。

たとえば二〇〇七年三月二五日に能登半島地震が発生した時には、わずか二週間後の四月一〇日には「負けるな！　能登半島」という金融商品を発売したんです。当時信金中金が高い金利で扱ってくれたものですから。これは金利を少し高めにして義援金もそこから出すという内容で実施したら、非常にたくさんの預金をお預かりすることができました。一〇〇〇万円は義援金として県にお預けしました。本当にわずかな期間でスピード感をもって発売にこぎつけた商品です。「だから、どうだというの？」と思われる方もいらっしゃるかもしれません。しかし、同業者のなかには「しまった」と思われた向きも少なくなかったと思う。

要は「ゴー」「バック」をはっきりするのが理事長の責任だと考えています。やらないならやらなくていい。でも、やると決めたらすぐにやる。それだけは常に心がけています。

ストーリー性のある商品づくりを

――「あ！　のとしん」らしいストーリーづくりに取り組んでおられるのですね。

大林　当金庫の施策として、商品づくりでもストーリー性というか、「のとしん」らしいことをやっているなと思われるものをつくりあげていこうと思っています。たとえば環境に関して、能登の森づくりファンド「やまもり」という定期預金を商品化しました。

森づくりは、単に二酸化炭素が吸収できればというだけではなく、山から海へミネラルが流れておいしい魚がいただけるようになり、そうなれば住んでいる人にも、観光客にも喜ばれることになります。それに付随して、子どもが環境についていろいろな知識が得られるように「児童環境学習」を小学校の子どもたちに教えることもでき

能登の森づくりに励む金庫職員やボランティアたち

るわけです。安全・安心ということを主眼にするならば、これらのことを進めていく必要があると思います。そういうストーリーに沿った環境保護活動を応援するファンドとして「やまもり」を商品化したわけです。これは山守りと山盛りをイメージしています。

環境を切り口にして森づくりファンドを商品化して、職員もそのストーリーに参加するという流れのなかで今日的なテーマである「節電」という視点で突き詰めていくと、「環境にやさしい」という動きになっていきます。そこで、これを大々的にやろうということから、暗がりのなかで生活することを褒め称えた谷崎潤一郎の小説『陰翳礼讃』に倣って、「節電礼讃」というネーミングの金利優遇定期預金を発売しました。

これは各家庭の電気使用量は電力会社からの「使用量のお知らせ」で確認できます。それによって今月と前年同月の電気使用量を比較して、一五％以上の節電を達成したときには預金金利を店頭金利に〇・五％上乗せするという商品です。

私は自分の家を見ていてとても一五％の削減なんてできない、数パーセントがやっとだろうと思っていたら、なんと、この商品のお客様の五割以上が一五％以上の削減を達成されていました。主婦の感覚というのはすごいなと思いました。三・一一の福島原発の事故後、原発に頼らなくてもという思いもあって、節電はしなければならないし、節電によって家計の助けになるというのが功を奏したんだと思います。いずれにしても、この商品は地域ではかなりの評判になりました。

もう一つは、住宅ローンでソーラーシステムを導入された方には二〇〇万円を限度額として、その分の金利をキャッシュバックしています。先ほどの金利優遇定期預金とこの省エネ住宅ローンの二つを、「節電礼讃」という括りの金融商品にしたんです。

実は、当金庫の本店は志賀原発から約二〇キロの範囲になります。和倉温泉は一九キロです。もし志賀原発に何かあった場合は壊滅的になります。いまは二基とも稼働していませんが、非常に微妙な問題と考えます。先ほどの省エネ住宅ローンを使えばソーラーシステムの導入にインセンティブがありますし、すでに住宅ができあがっていて新たにソーラーシステムを入れる場合でも、二〇〇万円というわけにはいきませんがそのうちの何割かは金利分がキャッシュバックされるというメリットがあります。

省エネ生活応援定期預金
「節電礼讃」

当金庫もささやかではありますが、一部の店舗では風力発電とかソーラーでまかなうというエコへの貢献はしています。

ふるさとのお宝「等伯」を掘り起こす

大林　さらにもう一つ、その地方には必ずお宝というものがあるわけで、私たちが気づいていない宝物を掘り起こしていくということも大切だと思っています。実際にいま進めているのが「長谷川等伯」（桃山時代の画家。豊臣秀吉の時代、狩野派と並ぶ名声を得る。安部龍太郎氏が日経新聞朝刊に小説を連載。直木賞受賞）です。等伯が七尾の地に生まれたということはわれわれの大きな財産です。それをもっとブラッシュアップして、アピールしていくべきだと考えています。

二〇一〇年は等伯の没後四〇〇年だったので、市長が委員長で私も副委員長の一人で記念事業実行委員会がつくられた。ところが大変失礼な言い方で恐縮ですが、お上というか市役所の皆さんの考え方は、きちっとスケジュール化してだれだれを呼んで講演会をやりました、あれもやりました、これもやりました、これで一年間が終わりました、というように、計画どおりに無難に終わることが重要なんですね。

「等伯追想の詩」。作者は崎田宏氏。長谷川等伯筆「松林図」を参考に制作した

私は、それだけでいいんですかと。没後四〇〇年、しかも画聖といわれる長谷川等伯という偉大な方がいたのに、それで終わりというのはいかがなものでしょうかと。この辺の言葉でいうと「愛想もない」（物足りない）ということです。生かし切れていない。何とかそれを生かす方法はないかと。

で、行政にそれをお願いしてもだめだろうから当金庫がふるさと文化応援定期預金として「長谷川等伯再発見ファンド」を商品化しお客様からのご預金の金利の一部を等伯の記念事業等に寄付していただく。もちろん当金庫も供出させていただいております。

具体的には地元新聞社や美術館等と連携しなが

ら調査団を設置して「長谷川等伯ふるさと調査」に取りかかったんです。日蓮宗のお寺等を中心に調べたんですが等伯の直筆のものが発見できたんです。

この時私が思ったのは、時代を経て朽ち果てそうなものがまだまだあるんじゃないか。早くやらないとそういうものが消えてしまう。そのために一年で一〇〇〇万円ぐらいの費用がかかるんですが、先ほどのファンドで二〇〇億円の資金を皆様からお預かりすることができたんでこれはいけるかもしれないと。

いまの世の中、無い物ねだりができないと思うんです。たとえば石川県とか七尾市あるいは国に対して、これをつくってください、ああしてくださいといったところでもう財政的に無理なのだからとてもできない。できないとするならば、ここにいまあるものに気がつかないといけないと思うんです。つまり「あるものをブラッシュアップすればもっと地域のためになる」というようなものをまずは探そうということです。それを探して、それを生かす。それが七尾のような小規模な町では必要なんじゃないかなと思うんです。その気づきを当金庫がつくりだしていこうと思っています。

本当に単純な話なんですが、能登半島地震発生の翌年、能登演劇堂で仲代達矢さん主演の『マクベス』の五〇回ロングラン公演が大成功裏に終わったのですが、その折、開始前の記者会見で仲代さんが「黒瓦というものは非常に珍しいし、都会の人はびっくりするんです！」と。能登のような雪国では雪が瓦に降り積もっても滑り落ちやすいように瓦に塗り物（釉薬《ゆうやく》）がしてあるんですが、それが非常に珍しいと仲代さんはおっしゃったんです。私ども住んでいる者にとっては生まれたときから屋根が黒いというのは当たり前だと思っていたんですが、これが珍しいんだといわれて、その「あるもの」に気づかされたわけです。

私は秋から冬に向かう時期がいちばん嫌いなんです。これから寒い冬が来ることを覚悟しなければならないからです。だけど、春の訪れのうれしさというか、待ち焦がれているという感覚は、北国の人間だからこそ大きいと思うんです。心の豊かさや喜びというのは、過酷ななかにいればこそ強く感じられるんだと思うんです。たしかに太平洋側や南の国の人たちは、暖かくて過ごしやすい土地にいるのかもしれませんが、四季の移ろいのありがたさをより強く感じられるのは北国の人間なんです。

つまり、豊かかどうかというのは金銭的な豊かさだけではなくて、自然の恵みを受ける豊かさ、というものもあるのかなと思うんですね。

集金廃止と職域開拓にジレンマ

――店舗の形などについては何か工夫をされていますか。

大林　店舗については従来借地であったものを今度税制面で厳しくなってきたので地主にお返しして自前の土地に建て替えていく計画です。

店舗形態については、これまで頭のなかでは顧客志向といいながらなかなかそれを反映できなかった面がありますので、顧客ニーズに合致した店舗づくりを考えてやっていくつもりです。

――かつて信用金庫営業特性の一つとして集金業務がありましたが、こちらではいま。

大林　これはいろいろな考え方があると思いますが、集金業務は信用金庫の宿命だからやるべきだとお考えの信金も当然あると思います。一方、たとえばお客様に金利を提示しても貸出は金利が安いほうへ流れ、預金は高いほうへ流れというように当然のように合理的な理由で選別する時代です。つまり、いまやマンパワーを使ったサービスがあろうがなかろうがお客様にとっては金融機関を選択するうえでの大きな差別化要因にはならないということです。

そうであれば、お客様にもその辺の理解をいただいて毎日ではなく一週間ごとでというお願いをして信金の業務効率化を進めなければならないと考えています。ただ、そのエリアのなかで集金専門の職員を配置するとかの工夫はしています。

私個人としては、若い時に集金回りをしてきて自分の机の上にお金をたくさん積み上げたときの満足感が忘れられません。「うわー、たくさん仕事したなぁ」と。その当時は預貸率が八〇%を超えていましたから、貸出の原資になる預金は非常に大事だったのですが、時代がガラッと変わりましたからね。

――預貸率が五〇%を切るような情勢では……。

大林　ただ私の最近の悩みなんですが、職域開拓についてです。たとえば、学校の先生の退職金などが当金庫にはかなり入金されてきます。先生方の給与振込の指定口座を当金庫がいただいているからこれはもともと、当金庫が学校に頻繁に出入りしていたからなのです。しかし、学級費の集金などがあって本当に手間ひまがかかるので業務の効率化を進めるために打ち切ったんです。

だけど、このままいくと先生方の給与の振込口座が減っていって、退職金やさらには年金にもリンクするんではないかと。職域開拓はなかなか昔のようにはできなくなっているが、やはり、つながりや接点がだんだん薄れてきて、退職金もみんなよそにもっていかれるという状況になりはしないかと心配です。業務の効率化という流れのなかで、集金サービスなどは効率化したけれども、これだけはもう一回見直そうと思っています。

共栄信金との合併には感謝

――のと共栄さんはこれまでに他信金との合併や県内の第二地銀の事業譲渡など経験され

ていますが、合併に伴う苦労やメリットなどについて。

大林　当金庫はこれまで輪島信用組合、石川銀行（第二地銀）の破綻による譲渡で七店舗の引受け、さらに共栄信用金庫との合併と、三回の統合がありました。ある時支店の職員曰く、「多国籍軍の店です」。能登信金、元共栄信金、元信組、元銀行という構成で表現される時期がありましたから。

輪島信組と石川銀行の場合は先方の破綻による統合ですから、正直当金庫にとってメリットとなる部分もあったんです。灰色がかった債権でもそれなりの資金の贈与がありましたから。

ただし、共栄信用金庫との合併については本当に神経を使ったつもりなんですが非常に苦しい部分がありましたね。苦しいというか「こんなに苦労するなら合併はやめときゃよかった」という感じでした。しかし、丸一〇年たって振り返ってみると、いまでは元共栄信金側の職員にも喜んでいただいていると思っていますし、私ども元・能登信用金庫側も合併してよかったと強く感じています。

当初の軋轢の原因として、土地柄というのもありました。前田利家が、初めての七尾の城の城持ち大名だったんです。しかしその後、利家は金沢の尾山というところに城をつくって移り住んだ。それで、兄の前田安勝が七尾城の城主になった。しかし、金沢の気位というのは非常に高いんですね。前田の殿様の城下町であったという思いが強くて、あからさまに私にいう人はいなかったのですが、「よく金沢に本店がある共栄信金と合併したね」という話は聞こえてきたりしました。

それよりも、特に苦労したことは二つありまして、まず一つは金沢地区の本部問題です。私ども能登信金の当時の金沢支店には駐車場もありましたし、そこそこのスペースもあったので、本部をここにしましょうと最初は共栄信金側にも了解してもらっていたんですが、いざとなったら前の共栄信金の本店にしてほしいという話になってきた。そこは駐車場もなく駐車料を払わなければならないなど経費面でも不合理でした。

もう一つは組合問題です。共栄信金は規模が小さかったものですから日銀の指定金融機関ではなかったんです。それで当時の能登信金の職員がそこにいかないと認可を与えられないということで人事交流をしなければならなかったんです。ところが、その人事交流を共栄信金の組合が反対したのです。

この二つのことがありましたが、結局、共栄の経営側が組合の幹部と交渉して、最終的には収まったということがありました。

それともう一つ、合併しても共栄信金の役職員は全員が残るということだった。役員も全員が理事になった。ところが合併後、男性の職員は半分近くが辞めました。すぐじゃなくて、徐々に辞めていきました。しかし女性職員はほとんど辞めなかった。やっぱり順応性があるのは女性なんですね。

――男は虚勢を張って……（笑）。

大林　新しい組織になじむというよりも自分の我を通すという気持ちのほうが強いのか、結果的に半分近くが辞めたことは非常に残念でした。

そんなこともありましたが、繰り返しになりますが合併から一〇年を迎えた現在、私は共栄信金と合併させていただいたことに心から感謝しています。金沢地区にご縁をいただいて店舗がふえたということはやはりマーケットが大きいですから、リスクもありますが今日の状況を考えたら、それはそれなりによかったと感じています。

全国の信金に連携を呼びかけて観光客誘致へ

――近年、信金界では他地区の信金との連携や提携が盛んですが、こちらでも何か事例などはありますか。

大林　能登空港とチャーター便を使って、それぞれ観光客の誘致を希望する信用金庫と連携しようと考えました。最初の相手は旧青森信用金庫さんです。要は、当金庫が団体客を集めてチャーター便で青森とか奥入瀬にお連れする。そして青森空港からはその帰り便に青森信金のお客様を乗せて能登へお連れするというわけです。

能登空港の場合、定期便が二便しかありませんのでそれをなんとかしなければという思いもありますが、それよりも能登は半島であるがゆえに交通の便が悪いので、なかなか観光地へお越しいただけないという問題がありました。だから、チャーター便で地方空港同士を結ぶことで利便性を高め、少しでも多くの観光客を地元の観光地へ誘致しようということです。

他地域の信金と連携して、チャーター便で観光客を誘致する（能登空港で稚内信金の顧客を出迎える大林理事長）

ほかにも、北海道とは釧路信用金庫さんと釧路空港を使って、稚内信用金庫さんと稚内空港を使って同様のことをやらせていただいています。そういう意味では、信用金庫同士が交流を深めて連携を図るという形はまだいろいろな方法でやれると思うんです。

事業交流を図るビジネスフェアについても今年は八五〇〇～九〇〇〇人を集めましたが、それで実際にどれだけの商取引が発生したかとなるとまだまだ課題は多いです。たとえば出店数が五〇〇店になったからよかったということで終わっているのですが、それが永続性のある取引につながっているかというと必ずしもそこまではフォローできていない。まだ、単なるフェアやお祭りで終わっているんです。

フェアが目指すことは何なのかというところを詰めたうえで他の信用金庫ともさらに連携しながら進めていったらどうかと考えています。特に今年のビジネスフェアは「観光」と「農業」をメインに開催することになっています。

――地方公共団体や大学との共同プロジェクトのような取組みはいかがですか。

大林 最近、名古屋市立大学で「COP10」を担当されていた準教授が金沢大学に赴任されたのを機に、顧問契約をいたしました。私はその準教授とお会いしていろいろなお話をしたんですが、今後は金沢大学とも連携しながら「環境」についての活動を深めていこうと考えています。

また地方公共団体との間ではこれまでも共同プロジェクトのようなものをやらせていただいたのですが、お役所の考え方というのは民間からみるとちょっとかけ離れたものがありますのでもどかしい面があります。民間には民間の悩みがあるし、市役所には市役所の悩みがあるので、もっと交流すべきだと思っています。

ただし、市長の考え方がなかなか下までつながらない面がありまして、それを改善するような素地づくりをしてほしいという思いがあるんです。そうしないと、財政的に厳しいからこれもだめ、あれもだめと市の職員が小さい範囲でしか動かないという感じがしています。

もう一つ、商工会議所との連携もあります。私は七尾商工会議所の副会頭を務めているんですが、商工会議所そのものの有り様も変わってきていますので一緒にやっていけることを検討していきたいと考えています。

「マルコポーロ」で自立型人材を育成

――人材育成や人事政策についてお聞かせください。

大林　人材の育成は長期計画あるいは年度計画に欠かせない課題だと認識しています。他の信金も同じだと思いますが、「のとしんのレベル」は即、人のレベルだと思っている。職員のレベルを上げないと、当金庫のレベルも上がらない。しかも人材の育成、教育訓練は遅効性のものであるので、長期にわたって継続していく必要があるということです。

当金庫では「チャレンジマルコポーロ」という教育訓練を続けています。これは自立型人間の育成というか、一人旅で国内各地の先進金融機関やフロンティア企業などを見聞してくるという制度です。自分で訪問先のアポをとるんですが、断られる場合もあればきついことをいわれる場合もある。うまくアポがとれれば、先方には大変ご迷惑をかけているとは思いますが温かく迎えてもらったり、いろいろなことを教えていただいたりして、初めて自分の金庫の足りない部分、あるいは多少自慢できるような部分を発見できる。それらはもち帰って他の職員たちにきちんと伝えるという教育訓練制度です。当然ながら冒険家マルコポーロにちなんで「見聞録」は必ず提出させています。

それから一八年前に「のとしんカレッジ」をスタートしました。地元の短大に当金庫の専用コースをつくってもらって、職員を一〇名送り込んで、スタートしたものです。その後、残念ながら、その地元の短大は廃校になってしまいましたが、現在は「ニューのとしんカレッジ」として公認会計士であり中小企業診断士でもある先生に専属で教えてもらっています。若い職員たちに機会を与えることによって大きなモチベーションにつながっているとみています。

また直近でいえば、二〇一一年から「ジュニアボード」制度という取組みも始めました。二〇代の職員から一〇名を選抜して始めて、二年の期間なので一二年度末で最初の選抜者は終わって二期生がスタートしています。ジュニアボードというのは将来の重役候補ですが、それを目指すならばもっと地に足が着いたような、そういう感性を磨くということで、まずは本を読みなさいと。部長級以上が出席し、毎週一回行われている経営戦略会議にオブザーバー参加することや、メンバーといろいろ話合いをしながら当金庫の将来についてよく考え、現状を分析する。

いずれにしても、のと共栄の将来を背負っていくような人材を育てなければいけないということで、いろいろなことを実行しています。

――実務的なスキルアップの面では何か。

大林　中小企業診断士が三名とＦＰ一級の資格をもっている者が四名います。これで十分とは思っていないので二級、三級と定期的に試験を受けられるようにしています。

ローンアドバイザーも現在二名いるんですが、近々七名になる予定です。

また、農業経営アドバイザー有資格者が一一人いることから、農業の六次化支援等をＡＢＬ（動産担保融資）をからめて積極的に進めていきたいと思っています。

――最後に、二〇一一年末にこちらで融資に関連して発生した不祥事の教訓についてひとこと。

先ほど来ご説明してまいりましたように、当金庫は従来から取引先への事業支援や再生支援に力を注いできましたが、そうしたなかで二〇一一年一二月に発覚した不祥事件についてお詫びしなければなりません。

五年前の能登半島地震の時もそうですし、リーマン・ショック後もそうだったのですが、融資のご相談について私は常に「とにかく門前払いはだめだ。できるだけお客様のご要望を真摯に受け止めて側にいるようにしなさい」と職員にいい伝えてきたのです。それが結果的には、一部の職員の前傾姿勢となって「お客様の事業支援、再生支援のため」という勢いから資金使途を偽った不正融資につながってしまいました。

動機はどうあれこれは大変な不始末であり、法を犯したという点について深く反省しています。これからの当金庫立直しのためにも厳格な法の遵守、コンプライアンスやガバナンスのための体制構築が早急に必要だと考えています。

法令順守体制を確立しながら、お客様の立場に寄り添って歩む姿勢だけはこれからも進めてまいりたいと思っています。

エピローグ

本書の企画に着手したのは二〇一二年の五月、ゴールデンウイーク明けだった。のと共栄信用金庫の大林理事長のお世話で、日本一の名旅館と謳われる、かの和倉温泉「加賀屋」さんにおいてだった。北は帯広、南は福岡の「中間地点」という理屈づけで設定された（もっとも、この「加賀屋」さんは、数年前から三信金役職員の実地研修をかねた交流の場でもあったという）。余談になるが、偶然にも鼎談の翌日は一三〇年ぶりの〝金環食〟の日であった。われわれは、この企画の〝成功〟を告げる予兆だとして歓喜したものだった。

しかし、その後の作業は予想外に難航した。なにしろ、三理事長とも地域を愛し、協同組織金融機関としての使命感の熱い思いはいずれも劣らない。鼎談は白熱し、「加賀屋」で二日、足らずに日を置いて東京でと、延べ一〇時間余に及んだ。三者による校閲・加筆のプロセスも、多忙な業務外の作業ゆえ想定どおりとはいかず、加えて編集者の怠慢もあって越年し、ようやく今日上梓にたどり着いた次第である。

実は本書企画の発端は、三〇年来の知己である中村英隆氏が財務省を退官され、故郷福岡の遠賀信用金庫理事長として持ち前の才気を十二分に発揮されているようすを見て、「中村流信金論」の出版を促したことにある。何度（年）か酒を交わしては「書名は『玄界灘に吠える』はどうか」などと挑発?し続けた。居酒屋では合意しても、覚めれば「利回りより身の回り」の経営に追われ、ペンが難渋する。そうこうして何年。「一人ではおこがましいので、地方で信用金庫の原点にこだわった経営を実践している理事長さんらとの鼎談形式なら」との提案で、かねて交流があり互いに一目置いている間柄の帯広・増田、のと共栄・大林両理事長にご登場願った、という次第。そういうわけで、本書の生みの親は中村さんといってさしつかえない。

さて、なぜいま「信用金庫論」なのか。第一回の鼎談を行った二〇一二年五月頃の日本経済の状況は、長引くデフレからの突破口を見出せない民主党政権下、株価は八五〇〇円台に低迷、円相場は対米ドル七〇円台後半から八〇円台で、株安・円高が続いていた。地方経済は中小企業の経営難、大企業のアジア進出による空洞化、少子・高齢化等を要因とする疲弊が進行する。そうした情勢下、中小金融機関は「金融円滑化法」（一三年三月終了）に対応しつつ、「リレーションシップ・バンキング」「地域密着型金融」「コンサルティング機能」等の政策要請を受け中小・零細企業の「経営支援」に取り組む。

本書の三信金理事長が強調しているように、多くの信金経営者は、そうした政策課題としての「表現」があろうとなかろうと、それは「協同組織金融機関・信用金庫」の原点＝存在理由そのものであり、現実的な、日常的な業務そのものなのだ、と。だが、「理念」を掲げるだけでは現実は展開しない。地域経済の発展・再生・支援の実践を、「相互扶助」のスピリットと「経営の健全性」というむずかしいバランスをとりながらどう貫徹していくか。全国二七〇の信用金庫経営者の永遠のテーマだろう。「プロローグ」でも述べたように、信用金庫は営業地域が限定されているために、その経営のありようは、当然のことながらそれぞれの地域特性なり産業構造に規定される。したがって、「理念」は共有されていても個々の業態・経営戦略・営業推進策はトップの〝個性〟が色濃く反映される。本書に登場願った三信金の経営者もそれぞれに個性的で、しかし、地域への熱い思いはとどまるところがなかった。

本書が、全国の信用金庫関係者はもとより、地域経済の活性化に取り組むすべての方々へのエールとなることを願う。

（注）本書は、座談会形式で行われたものを、読者の便宜のため信金別に整理したものです。

KINZAIバリュー叢書
現論・信用金庫経営
—— 3信金理事長の白熱鼎談！

平成25年10月22日　第1刷発行
平成25年10月31日　第2刷発行

著　者　中村英隆
　　　　増田正二
　　　　大林重治
発行者　倉田　勲
印刷所　三松堂印刷株式会社

〒160-8520　東京都新宿区南元町19
発　行　所　**一般社団法人 金融財政事情研究会**
編　集　部　TEL 03(3355)2251　FAX 03(3357)7416
販　　　売　**株式会社 き ん ざ い**
販売受付　TEL 03(3358)2891　FAX 03(3358)0037
URL http://www.kinzai.jp/

ISBN978-4-322-12331-9